全球最美的地方特辑

美国

The Most Beautiful Places The World
America

《图行世界》编辑部 / 编著　于丽娜　刘樱姝 / 文

中国旅游出版社

目录 Contents

美国四季最佳旅行地

美国的文化符号

美国最美的城市　Chapter ❷

美国最美的国家公园　Chapter ❸

美国最美的自然景观　Chapter ❹

美国最美的人气地标　Chapter ❺

美国
四季最佳
旅行地

四季推荐
春季
Spring

TOP1 纽约

TOP1 | 纽约

纽约是美国的精髓。著名的百老汇、华尔街、帝国大厦、格林尼治村、中央公园、联合国总部、大都会艺术博物馆、大都会歌剧院、第五大街等，无不让人流连。春天的纽约有着最令人愉悦的气候，和煦的阳光给这座高楼簇拥的城市蒙上了一层温柔明媚的色彩。

TOP2 | 华盛顿

作为美国的首都，华盛顿没有纽约林立的摩天大楼，最高建筑也不超过 10 层。平实而低调的建筑物让这座城市的天际线显得格外的开阔。每年春天，绚烂的樱花都会把这个城市变成一个粉色的仙境，让这个全球最有权势的城市多了一点优雅与随和。

TOP3 | 新奥尔良

它是爵士乐的故乡，这里精致的小别墅、风情万种的酒吧，到处都是渗透着美国味道的法兰西风情。随处可见的街头艺术家则用音乐向游人诉说着这座城市的忧伤与喧闹、多元与包容。春天的新奥尔良会举行著名的爵士音乐节，为世界爵士乐迷所向往。

TOP4 | 大峡谷

这里其实是一片荒凉的土地，除了零星的灌木和草地地，到处是光秃秃的峭壁岩石，只是其独有的变幻莫测的色彩和琢磨不定的光影所产生的奇特雄壮景象，如同来自另外一个星球。3 月的大峡谷已从冬日的睡梦中苏醒，带着如梦似幻的光影，迎接人们的到来。

TOP5 | 大雾山

这个季节的大雾山鲜花盛开，芳香四溢，树木翠绿欲滴，从山脚到山顶，从树林到草地。层林叠翠间轻雾袅绕。这里没有大开大合的壮美峡谷、没有气势磅礴的冰川，只有南方特有的温润娟秀的轮廓，令人咋舌的多样生物。适合徒步，适合春游。

TOP2 华盛顿

TOP3 新奥尔良

TOP4 大峡谷

TOP5 大雾山

TOP1 洛杉矶

TOP1 | 洛杉矶

这里有好莱坞、有豪宅遍布的贝弗利山、有梦幻迪斯尼、有洁白美丽的沙滩。温和的地中海气候让洛杉矶全年舒适宜人，而夏天最晴朗，也是最适合在海边游泳嬉戏的时节。夏季，费城交响乐团还会在好莱坞举行户外音乐会。届时，这里将是一片音乐的海洋。

TOP2 | 迈阿密

这里曾当选福布斯排行榜"美国国内最适合单身人士旅游目的地"，也是老年人与时装设计师、比基尼泳装模特的天堂。充满热带风情的海洋、沙滩满眼身材火辣的美女，热情奔放的迈阿密每年吸引了无数来自世界各地的游客。

TOP3 | 阿拉斯加

阿拉斯加有8个国家公园，浩瀚的林海、壮美的山峰、晶莹的冰川、宝石蓝的湖泊，让它充满自然野趣之美。靠近北极圈的阿拉斯加即使在炎炎夏日也不会有酷暑的感觉。穿梭在阿拉斯加的山间林地，凉爽宜人的气候，辽阔的自然让人心境豁然开朗。

TOP4 | 黄石国家公园

黄石国家公园内分布着1万多个冒着热气泡的泥塘、泉眼和嗞嗞作响的火山口，还有北美洲最大的天然野生动物群区，以及美丽的湖泊、奔腾的瀑布。夏季是这里的旅游旺季，其他季节气温都会比较低，公园内很多公路会被封闭，很多地方都不能去。

TOP5 | 国会礁

这是一个遍布橙色的悬崖和峡谷的奇异世界，印第安人称之为"沉睡中的彩虹之地"。站在著名的亨利峰上向下俯瞰，国会礁脉公园就像一个"砂岩和光滑岩石的巨大风化物"。峡谷中奔腾的江水让夏天的国会礁脉公园绿草如茵、野花绽放。这里也是全球最佳避暑胜地之一。

TOP2 迈阿密

TOP3 阿拉斯加

TOP4 黄石国家公园

TOP5 国会礁

TOP1 圣弗朗西斯科（旧金山）

TOP1 | 圣弗朗西斯科（旧金山）

秋日舒适的温度、蔚蓝的晴空、旖旎的海滩、精美的维多利亚式建筑、怀旧的缆车，没有冬日的寒冷、夏天的浓雾，旧金山的美无可抵挡。这也是一座包容大气、美丽自信的城市。

TOP2 | 波士顿

波士顿堪称一个名副其实的大学城，这里拥有超过70所学院及大学。秋天的波士顿阳光灿烂、气候宜人，由绿转黄、转红的树叶将整座城市装扮得美不胜收。去州立公园和国家森林公园露营的人络绎不绝。查尔斯河畔广场还会有活力四射的露天音乐会。

TOP3 | 费城

这里是美国和美国民主的诞生地，是美国的第一个首都，是起草和签署《独立宣言》的圣地，是美国独立钟声敲响的地方。秋日阳光灿烂的白天与低温霜冻的夜晚造就了费城五彩斑斓、炫目动人的秋景。树叶从浅黄到深黄到橙色到鲜红，美不胜收。

TOP4 | 芝加哥

众多顶级的博物馆、迈克尔·乔丹、爵士乐队、风景秀美的密歇根湖、数座排名世界前列的摩天大楼，任何一样都足以吸引游人来到芝加哥。9月中旬后，芝加哥的各大博物馆会陆续推出免费开放日。在风和日丽的秋阳下乘船顺芝加哥河而下，多元活力的芝加哥尽现眼前。

TOP5 | 约塞米蒂国家公园

这时的约塞米蒂，树叶开始缤纷起来，公园色彩斑斓。秋高气爽的天气最适合在公园内总长1280多公里的山野小径上徒步旅行，它会带你去近距离地观赏约塞米蒂瀑布和新娘面纱瀑布的奔腾飞跃，带你去冰山峰领略马里波萨树林的无限风光。

TOP2 波士顿

TOP3 费城

TOP4 芝加哥

TOP5 约塞米蒂国家公园

四季推荐
冬季
Winter

TOP1 奥兰多

TOP1 | 奥兰多

　　它是佛罗里达的娱乐中心，它的迪斯尼大到让整个奥兰多看起来就像一个迪斯尼乐园城市。这个美国的中部小城以梦幻般的迪斯尼世界、活力四射的户外运动、国际性的购物场所、世界一流的温泉度假地、温暖宜人的气候吸引着人们从寒冷的北方慕名而来。

TOP2 | 夏威夷群岛

　　为了逃避美国大陆的寒冬，夏威夷不失为一个好的选择。冬天的夏威夷依然温暖干燥，不会有春天的多雨、夏天的飓风，也不会有秋天的闷热。这个时候的夏威夷北部海滩正是冲浪的好时节，鲸鱼季节也已来临。数量庞大的鲸鱼在海面上翻腾跳跃，让人不禁感叹大自然的神奇。

TOP3 | 死亡谷

　　它是美国的极热之地，只有秋末、冬日，这里才会有短暂的舒适。残酷的环境造就了死亡谷壮美奇特的自然风光。沙丘柔和的线条与布满褶皱的远山交相辉映，矿石沉积岩产生的五彩缤纷的色彩耀眼夺目，赫赫有名的沙漠传奇"斯科蒂堡"如海市蜃楼般美轮美奂。

TOP4 | 密西西比河

　　气候温暖的墨西哥湾带给密西西比河下游繁茂的亚热带、热带丛林，充足的水量，以及两岸美丽的风景。冬日暖洋洋地照着绿意盎然的植被、看上去安详其实充满杀机的美洲鳄鱼，以及密西西比河宽阔宁静的水面让这条河流生机勃勃、自然和谐。

TOP5 | 大沼泽地

　　这里被描述为"一条被草覆盖的河从内地缓缓流向海洋"。辽阔的沼泽地、壮观的松树林和星罗棋布的红树林形成了美国本土上最大的亚热带野生动物保护地。冬季的大沼泽地气候温暖宜人，不用担心蚊虫的滋扰，同时也是最佳的观鸟季节。

TOP2 夏威夷群岛

TOP3 死亡谷

TOP4 密西西比河

TOP5 大沼泽地

美国的文化符号 Chapter ❶

数年前，美国《新闻周刊》曾推出全球的文化符号评选，华尔街、百老汇、好莱坞、麦当劳、NBA、可口可乐、希尔顿、迪斯尼、硅谷、哈佛大学、感恩节等 20 个美国文化符号赫然上榜，亦将美国数百年时间沉淀的精华上升到全新的高度。美国文化符号包罗万象，从政治经济到衣食住行，充分体现了美国多元包容的个性。它们亦是全球"美国梦"的一部分，推动着无数美国人和新移民，通过自己的努力实现着自己的人生梦想。

自由女神 STATUE OF LIBERTY　001

　　头戴拯救世人的神圣冠冕，右手擎巨大的火炬，左手持美国《独立宣言》，高高耸立于纽约港的自由女神像不仅是赴美游客必看的建筑，同时也是美国文化的重要象征。自由女神在每个白昼与黑夜守护着纽约这座繁荣的国际都市，迎接来美国定居的亿万移民，见证着美国的发展与文化的变迁。

　　自由女神像是 1876 年法国作为美国独立 100 周年的礼物赠送给美国的。女神双唇紧闭，神情刚毅，脚上残留着被挣断了的锁链，象征暴政统治已被推翻。自雕像在纽约港竖立，每天都有络绎不绝的游客来观赏自由女神像。

　　在每个美国人心目中，自由女神拥有至高无上的地位，是美国人追求自由与平等的实物化象征。自由女神本身便是革命斗争中一位英勇无畏的女性的化身，而美国正是在殖民列强分瓜的领土上，通过不断斗争与努力最终独立的国家，又通过内部的不断分裂与整合，发展成为世界的强国。回顾美国的发展史如同一部描写追求民主与自由的长篇史诗，而自由女神正将这一含义充分诠释，她在精神与实质上都将美国文化中最为重要的民主与自由的精神展示给了全人类。

华尔街 WALL STREET 002

华尔街在整个美国乃至全球的经济中都占有极其重要的地位。世界 500 强纷纷在这里选址，建起摩天大楼，演绎自己的商界神话：摩根财团、石油大鳄洛克菲勒、杜邦财团……金融界焦点纽约证券交易所也在这里。每分钟都有千万元的货币财富在这里流通，每天都有穷小子变为富豪的传奇上演。

在华尔街，无数的金融"巨子"手端咖啡杯讨论着成千上万的资金动向。他们坚信，只要自身不断地努力，就会实现自己的个人价值，只要全身心地投入打拼，在华尔街就一定会有一席之地。这些日夜奔波的金融精英自进入华尔街开始就给自己设计好了一条取得成功的通途，也许是一个夜晚，也许是 10 年，也许是毕生，但他们绝不放弃，在这条自认可以实现人生价值的华尔街上一直奋斗着。

如同早期移民来到美国这片神奇的土地时，通过自己的创造与探索来改变人生角色一样，这种美国文化上鲜明的追求个人利益、通过个人奋斗达到最终成功的信仰促进了美国整个民族的整合与发展。这种开拓与奋斗精神已经深深融入了美国人的血液，甚至影响了全球金融证券业的振兴与发展。"9·11"恐怖事件后，很多大财团撤出这条街道，但美国人却还是把一切与金融相关的事项称为"华尔街"，它在很多人的心中早已经不再单单是一条简单的街道，更多的是美国文化的一个代名词。2008 年金融危机时，华尔街再度面临挑战，数百万人失业，美国最大的数家银行竞相紧急救助，华尔街最终获救。但小企业和平民百姓却为此支付了高昂的代价。

百老汇 BROADWAY　　　　　003

　　百老汇的历史可以追溯到19世纪初，随着"一战"的结束，百老汇开始蓬勃发展，至20世纪末进入其艺术的鼎盛时期。世界上没有任何一条街道能像百老汇一样，让人可以在梦境与现实中自由穿越。观众在富丽堂皇的舞台、变幻莫测的灯光、华丽缤纷的戏服、热情奔放的舞蹈或跌宕起伏或笑料百出的剧情大笑、流泪，并为演员的深厚表演功底所深深折服。百老汇以通俗易懂的方法将艺术进行了诠释，使观众亲身感受到美国文化和音乐的魅力。

　　百老汇坐落于纽约最繁华的曼哈顿街区，以它为中心形成了美国的商业戏剧娱乐中心。每年都有几百万来自世界各地的游客到纽约欣赏百老汇的歌舞剧。百老汇的音乐剧从不拘泥于单一的模式，而是不断地创新，与时俱进，成为美国文化中发展最快的一种艺术。

　　一部戏剧在百老汇演出成功就意味着它会扬名整个世界，这里吸引着无数有天赋的舞蹈家、歌剧家、导演……人们梦想着可以在这里成为"万众瞩目的焦点"，可以借助百老汇成为永留艺术舞台的偶像。百老汇，成为美国艺术文化的代言者。它传播了一种创新的理念，将文化产业与经济发展相结合，推出全新的宣传、推广与运营理念，使艺术常新常活。可以说，百老汇是西方戏剧行业的一个巅峰代表，代表着戏剧和剧场行业的艺术成就和商业成就，同时也不断影响着世界文化产业的发展方向。

好莱坞 HOLLYWOOD　　　　**004**

　　好莱坞被热爱电影、喜欢做梦的人称作"梦工厂"。这里无时无刻不在为美国以及全球的电影迷们缔造一个个科幻大片、一个个可爱无厘头的卡通人物、一个个英雄传奇故事……它是美国人紧张生活的舒缓剂，制造着美国人最喜爱的娱乐业。

　　好莱坞坐落于美国加利福尼亚州洛杉矶市西北郊，原本只是一个山色湖泊可人的郊外小镇，20世纪初，《基督山伯爵》的拍摄让富有远见的美国电影人意识到自己身边有如此美妙的拍摄场所，于是乎，制片厂、娱乐公司先后入驻，众人熟知的华纳兄弟、哥伦比亚、联美等均在这里投资建设自己的娱乐公司。10年的时间，无名小镇成为全球最著名的影视娱乐和旅游热门地点。

　　好莱坞电影场面的大气、火爆，特技的逼真、绚丽，给观众留下了深深的印象。这里制造出了美国的英雄"超人"，这里再现了美国第一次"登月"，这里将"金刚"变成行走于纽约市的真实怪兽……这里的大牌明星以分钟计算报酬，他们衣着鲜亮，光彩照人，成为万人瞩目的焦点。无数青少年梦想有朝一日可以和这些偶像一样，但出人头地的机会总是擦身而过，少之又少，更多人投奔好莱坞却两手空空而归。然而前赴后继者依然跟随着好莱坞的脚步，好莱坞为这个世界编织了最绚丽的美梦。

　　好莱坞对电影制作有一套成熟的商业文化模式，电影在好莱坞是一条欲望的生产和满足的文化流水线。随着经济全球化进程的迅猛推进和电子信息技术的飞速发展，多元化交融沟通趋势越来越明显，好莱坞已经从美国本土走向世界各国，以西方的价值观念和文化标准改造各国文化，再推向世界，成为各国影业面临的崭新挑战。

迪斯尼 DISNEY 005

迪斯尼在美国拥有百年品牌史，旗下的产业包括图书、杂志、电子游戏和传媒网络，电影公司以及动画工作室，可谓美国动画业的代名词。这里出品了全世界第一部对白动画片，这里诞生了全球知名的唐老鸭，并将其第一次搬上银幕，这里有着全球最受儿童欢迎的卡通明星。从米老鼠到三只小猪，从米奇到小熊维尼，从《玩具总动员》到《闪电狗》……无论是儿童还是成人都被其深深打动，它们影响着一代又一代的动画迷。

迪斯尼深懂消费者心理，成功挖掘了一个又一个人们心底隐藏最深的童趣与回忆。如今，迪斯尼的主要业务已包括娱乐节目制作、主题公园、玩具图书和传媒网络。2012年11月，迪斯尼甚至收购了卢卡斯影业。虽然迪斯尼已走过几十年历史，但一直坚持创新、品质、共享、乐观等传统。每一件迪斯尼产品都会讲一个故事，永恒的故事总是给人带来欢乐和启发。

迪斯尼力求让每一代人都看着不同的迪斯尼动画长大，当每个成人都讲着属于自己的迪斯尼卡通形象时，这一娱乐品牌也进入了世界品牌的前100强。迪斯尼向人们宣传希望、渴望和乐观坚定，这在很大程度上也是美国文化的一种浓缩。几乎每个女孩都梦想着"王子通过自身不断地努力，战胜恶魔，最终与公主幸福地生活在一起"的美好结局。这一点与美国文化所宣扬的追求个人利益，强调通过个人奋斗、个人自我设计，以最终实现个人价值的观念不谋而合。迪斯尼动画在带给儿童欢乐的同时，潜移默化地传达了这一信息，同时也被处于这个特殊年龄段的群体深深铭记。

硅谷 SILICON VALLEY

006

　　说到全球高科技产业的代表地区，就不能不提到美国的硅谷。硅谷是美国科技产业的发祥地，也是当代 IT 企业最集中的地方。但是人们之所以如此敬重这一 IT 业的"圣地"，并非只是因为这里的高科技产业文化、高成本的投入资产、一座座新建的摩天大楼，而是这里所独有的激励创新的"硅谷文化"。

　　硅谷的发展与美国的民主、宽松、自由的学术环境密不可分。实干家们在一种轻松、平等、拓展与竞争的环境下，进行有效的沟通、学术交流。创新思想与新的技术开发被第一时间关注与论证。敢于不断冒险，尝试新突破，可以说是美国人骨子里的潜在因子，而在硅谷中，这种因子得到了全方位的释放。硅谷文化鼓励 IT 精英们放手研究，大胆求实，而最终开发出了一个个走在时代、科技尖端的科技产品。

　　硅谷的魅力吸引了大批有志之士欣然前往，它正像一个世界大家庭一般，不断包容着各色人种在这里进行发展。美国本土的 IT 人士在公众面前承认印度的电子商务技术人才多于美国，中国人在高科技产品研发方面表现出

的智慧令他们折服。在这种以学习、发展为前提的包容态度下，学术思想得到了空前有效的交流，凝聚力不断增加，使硅谷站在了世界 IT 舞台的前沿。

　　硅谷对美国经济的增长做出了巨大的贡献，同时其完善的电子产品市场机制与"硅谷文化"也被全世界所学习。硅谷已形成了一种潜在影响，这是一种难以用我们现有经济来衡量的资本，它已经在人们的精神层面产生了巨大的影响。就如同出身硅谷的"苹果电脑"一般，每次新产品的发布就像一枚重磅炸弹一般，轰动、震撼，又使人狂热。

　　硅谷对美国新经济的贡献不仅表现在经济增量上，更主要地还在于它发展完善了市场机制和创立了有利于创新的文化。

　　硅谷人在创业中营造了硅谷文化，而硅谷文化又进一步吸引凝聚了各方优秀人才进入硅谷，硅谷凝聚人才发展经济的示范效应和深远影响大大超过了其经济指标的增长，这种潜在影响是一种难以用数字表明的巨大财富和精神因素。

总统山 MOUNT RUSHMORE　007

　　几乎没有一个美国人能准确形容这座位于南达科他州黑山地区的雕像群在他们心目中的形象。1800米的高山上四位美国总统的巨大石雕像宏大壮观。他们每日在朝阳下，默默注视着自己曾奋斗终生的土地，仿佛守护神一般坚毅、执着，成为当地旅游业最著名的标志之一。

　　总统山雕刻了四位对美国历史有重大影响的总统：国父乔治·华盛顿，美国第三任总统托马斯·杰弗逊，颁布《解放黑人奴隶宣言》的美国第十六任总统亚伯拉罕·林肯和第二十六任总统西奥多·罗斯福。这四位总统因在不同时期对美国的发展起了重要的推动作用而被人们铭记。

　　总统山的建立是希望为拉什莫尔山带来更多的游客，刺激旅游消费。但极具讽刺意味的是建筑所在地本是印第安部落的领地，拉什莫尔山一直被他们认为是圣山而膜拜。美国早期的欧洲移民通过血腥掠夺占领了这一地区，但从修建总统山起当地原住民便开始抵制总统山建立。一直为"公开、公正、平等"抛洒热血的四位伟人就这样一天天看着自己的后人踩着他人的尸骨建起自己的产业。

　　总统山自竣工后，便一直成为美国娱乐界诠释"言论自由"的最佳地点。美国人大肆恶搞，不分身份阶层，连高高在上的总统也被夹进来。在曾经火爆一时的电影《超人2》中，恶人佐德将军利用超能力将四位总统的头像换成了犯罪分子的嘴脸。在电演院中，观众看到这一镜头捧腹大笑。美国人以此种"罪大恶极"的移花接木之术来演绎他们的"平等"。

白宫 WHITE HOUSE 008

白宫的基址是美国首任总统乔治·华盛顿选定的，始建于 1792 年，1800 年基本完工。设计师是美籍爱尔兰建筑师詹姆斯·霍本。1812 年英美战争中的一场大火使总统府留下了烧痕；1814 年，为了掩盖战时痕迹，总统府被刷成了白色。1902 年，西奥多·罗斯福正式命名其为白宫。

白宫的对外开放在全世界的政府高层办公区来讲都是超越性的。根据白宫支出由全体纳税人担负的原则，白宫部分房间在规定时间内向全世界公民开放，因此成了游人观光的热点。每一位入住白宫的总统夫人都力求将这里布置得典雅大方，具有其独特的气质。白宫中的每个房间都有着不同的装饰风格，这也是众多游客关注的一点。在 200 多年的岁月中，白宫风云深深影响着整个世界的历史，白宫也逐渐成为美国政府的代名词。

每位入住白宫的主人都会在草坪上发表重要讲话，并宣誓将"公开、公正、公平、人人平等"的信仰发扬光大。在历届美国总统中，第三任总统杰弗逊是将美国文化的公开、平等做得最为透彻的一位，他吩咐每天早晨打开总统官邸房门，公民可以在不影响总统办公的前提下参观官邸。杰弗逊有时仅凭一封友人的介绍信就会请陌生的来客共进下午茶。

哈佛大学 HARVARD UNIVERSITY 009

　　"先有哈佛，后有美国"这句话便是对哈佛大学史诗般的验证。当 1776 年美利坚合众国宣布正式成立时，哈佛学院就已拥有了 140 年的历史。在 1780 年，学院荣升为今天的哈佛大学。300 多年来，哈佛大学一直以其博大精深的胸怀、宽宏大度的胸襟为世界各地培养了无数尖端学术人才。

　　哈佛大学是孕育政治家的摇篮，历史上曾有八位美国总统从哈佛走出，从最早的第二任约翰·亚当斯到现在的巴拉克·侯赛因·奥巴马。哈佛大学的育人真谛也被称为国家领导人总统以生动的范本诠释给了美国公众。哈佛大学已影响到美国政治、生活的根本，成为美国公众心目中不可动摇的教育圣地。可以说，在美国的发展史上哈佛大学占据了极其重要的地位。上百位诺贝尔获得者曾在此工作、学习，其在文学、医学、法学、商学等多个领域拥有崇高的学术地位，是当今顶尖的高等教育机构

之一。哈佛大学也是常青藤盟校的重要组成部分。常青藤盟校指的是美国东北部地区的八所大学组成的体育赛事联盟，它们全部是美国一流名校，也是美国产生最多罗德奖学金得主的高校联盟。

　　美国文化中提倡的自由、平等、公开和民主在哈佛大学里得到了最大的体现，无论是外国留学生还是本地学生，都可以提出自己的看法与见解，从历史到金融、从政治到民生，学生与导师甚至校长的辩论也时常被人们围观。哈佛精神其实引领了美国精神，也代表了美国精神，某种程度上也提升了美国的文化。

　　担任哈佛大学校长长达 20 年之久的美国著名教育家科南特曾经说过："大学的荣誉，不在它的校舍和人数，而在它一代一代人的质量。"正是在择师和育人上坚持高标准、高质量，哈佛大学才得以成为群英荟萃、人才辈出的世界一流学府。

希尔顿 HILTON **010**

希尔顿酒店创立于 1919 年，有近百年的历史，从一家饭店扩展到 100 多家，遍布世界各大都市，成为全球最大规模的酒店之一。同时，希尔顿也向全球推广了其独有的酒店经营模式与核心理念，重新诠释了服务行业的文化底蕴，将"微笑服务"移植到每个角落。

提起希尔顿，人们首先想到的是豪华的酒店房间、体贴入微的服务、国际化的连锁、统一的标准。入住希尔顿酒店也是成功商旅的身份标准之一，是一种身份地位的象征。

希尔顿酒店明确自身的企业理念，并把这种理念提升为品牌文化，每个进入希尔顿的员工都会接受培训，形成统一的员工思想与日常行为。希尔顿酒店改变了以往的服务戒条，为每个消费者打造了"宾至如归"的文化氛围。当初很多服务业人士认为这并不是大酒店的所为，但创始人希尔顿本人严格执行这一企业理念，如今，希尔顿的"旅店帝国"已延伸到全世界，资产发展为数十亿美元！可以说，希尔顿的企业理念已经在一个层面上代表了美国的企业文化，其中，股份制就是希尔顿最显著的特点。美国许多企业实行股份制，通过职工持股使其除工资收入外还能分到红利。此外，还增加了职工参与经营管理的权利，提高了他们的身份。同时，也让职工共享公司成果。并被全世界的服务行业所移植。

在每个繁华大都市，都可以见到高耸入云的希尔顿摩天大楼。更多的年轻人希望通过努力成为如希尔顿一般的传奇人物。但其带给世界的更多的是一种理念，并代表了一种美国商业文化。美国商业文化已对全球企业的文化定位起到了不可估量的作用。

感恩节 THANKSGIVING　　　011

　　每年 11 月的第四个星期四是感恩节。基本在 11 月 22 日至 28 日期间，这一天可以说是美国法定假日中最具美国风格的节日。每年感恩节到来，美国家家户户都要烤火鸡，举办家庭聚会，一家人聚在一起有说有笑，分享美食与交流情感。美国总统更是会在电视上"赦免"一只火鸡，象征对生灵的仁慈宽厚。

　　感恩节的由来，可以追溯到美国历史的发端。1620 年，不堪忍受英国宗教迫害的清教徒于冬天乘"五月花"号到达北美洲。当时适逢大雪覆盖原野，这些移民们遇到了前所未有的困难，许多人被冻死了，幸亏印第安人发现了他们，并且给予慷慨援助。第二年新移民丰收，大摆火鸡宴，和印第安人举杯同庆，欢宴持续三天三夜。300 多年来，许多庆祝方式被流传下来，感恩节保留至今。

　　每逢感恩节到来，美国举国上下热闹非凡，人们按照习俗前往教堂做感恩祈祷，城市中到处都有化装游行、戏剧表演或体育比赛等。天南海北天各一方的亲人们也会按时归来，一家人团团圆圆，品尝美味的感恩节火鸡。美国人特有的节日文化与家庭观念在这一天被隆重地推至高潮。美国独创的这一古老节日已经成为美国人生活中不可缺少的节目，并形成了在这一天狂欢的独特形式。

　　火鸡是感恩节的传统主菜，每只火鸡可达数十公斤，整只烘烤成金黄色，腹中还要塞上碎面包等美食。上桌后，由男主人用刀切成薄片分给大家，然后全家一起享用。

　　感恩节购物也成为美国人习俗。从感恩节到圣诞节这一个月，是各个商家传统的打折促销季，其购物月从感恩节次日（星期五）开始，这一天即被称为"黑色星期五"。

超人 SUPERMAN 012

超人诞生于 1938 年，美国的经济危机仍未过去。战争的威胁迫在眉睫，人们需要希望，需要心灵的安慰，需要一个代表美国的强大力量。于是，超人诞生了。

超人是美国人公认的"全民英雄"，受到全美国公众的崇拜。超人深入人心是从美国好莱坞梦工厂制作出来的超人电影开始。超人形象于 1938 年在漫画中诞生，一经出现，便被无数人视为超级英雄，被改编为动画、电影、电视剧、舞台剧，影响遍及全球。

超人所讲的故事分析来看无外乎小人物在重重困境中站起来，走向成功。主人公拥有双重身份实践普通人和超人。在日常生活中，他们只是一介草民，平庸无能，可一旦穿上超人服，他们就会变成伸张正义的超级英雄。人类所不能完成的事件超人可以完成。超人的出现使人的想象有了更广阔的空间，不再是忍气吞声，而是向不满进行宣战。可以说，超人是在不断地满足着人们的想象力，与此同时，超人通过大屏幕成为美国文化的代言人。

美国的文化土壤给了超人英雄强大的养分。美国人宣扬自由、民主、正义，而现实生活中这些并非可以一一实现，但只要超人登场，一切都会心想事成。美国人从心底爱戴这位银幕英雄，并将其形象不断宣传，甚至影响了全球。几乎每三年，美国好莱坞就要推出一部以超人为主角的影片，虽然反派角色一次比一次厉害，却最终都败在了正义化身的超人。这一切都体现了美国文化中推崇个人主义的精神。一个人可以拯救一个国家，历史可以由领袖创造，这种理念体现在美国几乎所有的大片中，从《蜘蛛侠》到《钢铁侠》，都是超人理念的延续。超人将这一切展现到了极致。

芭比娃娃 BARBIE

大大的眼睛、长长的睫毛、飘逸的长发、华贵的蕾丝裙、精美的化妆品——这就是尽人皆知的芭比娃娃。论质地，芭比娃娃不过是合成塑料制作，但却被无数女孩购买、收藏。更是销往世界上150多个国家。

芭比娃娃自1959年问世，至今已有50多年的历史，在此期间一直长盛不衰，受到各地消费者的喜爱。露丝·汉德勒是芭比娃娃的创立者，以芭比为主题的商店也陆续在世界各地开设。她在美国人心中，已经远远超越了玩具的定义。芭比娃娃的成长历程曾受到了无数的非议与批评。很多学校老师认为这种类似公主的人偶玩具会让小女孩产生骄傲自满的情绪，攀比家境。但事实证明，不光是学生，很多成年女性也喜欢芭比娃娃，因为这里寄托了她们的青春年华，让她们在与芭比玩耍的时候仿佛回到了童年。

芭比娃娃就是有这样的魔力。在不断地争论与赞扬中，形成了强大的市场购买力与粉丝群。芭比娃娃的设计也开始走向多元，单一的公主裙已经不能满足挑剔的消费者，随之而来的海滩装、休闲装、化妆品、宠物狗等一系列配件都在不断地开发。这些芭比娃娃陪伴全球的小女孩度过了一年又一年。她们相信长大后的自己，会如芭比一样美丽、能干。

"芭比"是玩偶设计业诞生的第一个活生生的女人，而不是一个被动的小孩子。"芭比"的成人化设计打开了小女孩们的视野，她们可以和芭比一起，体验成人生活的各个层面。芭比变化万千的形象激发了孩子们的想象力，她们希望自己长大后和芭比一样。今天的"芭比"已经不是一个玩具，而是美国女性的象征。创造这个品牌的露丝，用自己一生的努力，给了全球女性梦想和希望。

橄榄球 RUGBY 014

美式橄榄球是橄榄球运动的一种，是北美四大职业体育运动之首。橄榄球被美国人视为"国球"，也叫美式足球，是美国最受欢迎的运动。因为其冲撞性太强，只限在男性中展开。电视中常可以看到身着特制加垫的塑胶头盔、牙托、护肩、护臀及护膝的球员抱着一只橄榄球在前狂奔，而身后也是同样装备的队员不停地追逐。当球过底线的一刹那，全场球迷都会起立狂欢这一胜利时刻，兴奋之情毫无保留，可见美国人对橄榄球的狂热程度。

橄榄球的起源地并非美国，而是英国。某初中校队比赛中，学生因为输球感到羞耻而抱着足球在场上狂奔，从此一发不可收拾，每场球赛都会有学生抱着足球狂奔。这在足球比赛中本为"手球"的犯规动作，却让观众觉得异常兴奋、有趣。从此，这种抱着足球跑的活动在英国开展，19世纪初进入美洲，经过改良，形成了今天美国运动的重要组成部分——橄榄球。

一场橄榄球比赛中既有团队配合又需要个人的能力发挥。每一个球员都是一个中心，每个人都需要有强健的体格以及技术才可以胜任。快速的奔跑、惊人的技巧和充满智慧的排兵布阵，忘我的团队协作精神及个人孤军奋战的勇气缺一不可。也因其冲撞、高速等特点，许多球员都存在着服用违禁药品等问题。大牌球星纷纷被查出尿检不合格等问题，引发了社会多方面关注。

美国从高中起就开始进行橄榄球大赛，大学比赛更是可以凭借门票赚得收入，为球员购置最新装备，同时也为学校增加利润。美国大学每年都举办联赛，很多知名校友还会为此大掏腰包捐助母校的体育事业，升入大学更是可以凭借橄榄球体育特长加分，由此可见橄榄球在美国人生活中的重要地位。

自1960年起，美式橄榄球已经超越篮球和棒球成为美国最受喜爱的项目。每年一、二月AFC和NFC的两个联会冠军会在某个指定的城市争夺文斯·隆巴迪奖杯，这个总冠军赛也就是"超级碗"或"大碗杯"。这项比赛拥有超过一半美国家庭的电视收视率，全世界有超过150个国家电视台转播这场比赛。超级碗星期天已经成为年度大戏，基本上成为非官方假日，该赛事也是全美收视率最高的电视体育节目。

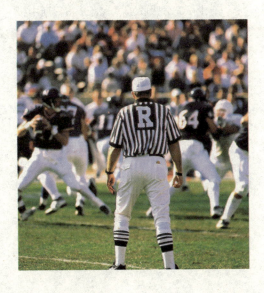

爵士乐 JAZZ

015

　　几乎没有人可以想象，非洲原住民的土著音乐可以在美国掀起如此大的风潮。夸张鲜明的曲风几经改造形成了高调、张扬、奔放的主流音乐，同时也形成了无数美国大众追捧的独特风尚。

　　爵士乐充分吸收了黑人音乐布鲁斯中极具个性的节奏与音节，并在演奏中增加了即兴演奏部分，一场华丽多彩的爵士乐演奏会让观赏者心潮澎湃大呼过瘾。特别要提的是，即兴演奏是通过整个乐队的高度默契配合，在没有任何乐谱的前提下为现场观众进行表演，将爵士乐鲜明夸张、动感炫目的精髓展现得淋漓尽致。

　　美国爵士乐的先驱是新奥尔良的铜管乐队。他们以为别人演奏婚丧嫁娶之事的乐章为生，在每次的演奏会上都会即兴表演一些曲目，而最初的动机只是为了增加趣味性。他们中没有一个人受过高等教育，五线谱对他们来说简直如同天书一般。所以每次的即兴演出音乐均不相同，这在一定程度上影响了爵士乐早期的保存。

　　直到 1917 年，爵士乐的第一张唱片诞生，随后爵士乐开始流行起来。20 世纪三四十年代的美国经济大萧条时期，经济不景气的现象也没有影响到爵士乐的迅猛发展。随兴、乐观的音乐感染了无数被经济大潮挤压的美国人。在爵士乐的伴奏下，人们放松心态，变得再度爱惜身边的一切，摇摆的舞步也让压力暂时退避。这种魅力是任何钱财都无法买到的。

　　时至今日，爵士乐在西方仍然是当之无愧的主流，出现了众多音乐大师。世界性巡演受到乐迷的狂热追捧；小众的咖啡厅、露天演出也是人们的至爱，其动听的旋律吸引了无数听众。

星巴克 STARBUCKS COFFEE 016

　　遍布全球的星巴克咖啡屋，是美国一家大型连锁咖啡公司。它成立于 1971 年，以销售咖啡豆起家。在短短的数十年发展历史中，星巴克以其独特的市场定位抓住了市场机遇，一跃成为巨型连锁咖啡集团。漫步街头，无论是纽约的股票交易所，还是曼哈顿的青年才俊，抑或是波士顿那充满文化气氛的古老大道，都会出现西装一族手持星巴克纸杯的画面，让人不得不叹服这小小咖啡豆的神奇。

　　"星巴克"自诞生以来，从未在电视中做过广告，却被喜欢喝咖啡的消费群体牢牢记住。它定位于注重享受、休闲，崇尚知识，尊重人本位的富有小资情调的城市白领。其品牌名称来自美国作家麦尔维尔的小说《白鲸》中一位处事极其冷静，极具性格魅力且极度热爱咖啡的

大副。启用的品牌名称，也证明了星巴克并非大众定位的市场思路。如今坐在星巴克内用手机上网的年轻人，正是其所追求的顾客消费层面，商家与消费者做到了最近的沟通。营造出的这种文化氛围，已影响了当下的所有年轻人。

　　星巴克的绿色徽标貌似童话中的美人鱼，初期只印在星巴克店内的杯子上，在人们逐渐接受这一品牌的同时，绿色人鱼也出现在星巴克对外出售的咖啡马克杯上。收藏一款经典的马克杯也成为小资们的一种生活方式。喝咖啡一定要去星巴克，只有在那里才有最地道的味道。这一理念已注入美国人的血液，并在全球进行着渗透。在绿色的太阳伞下，品一杯高品质的星巴克咖啡，俨然成了一种最有品质的生活方式。

牛仔COWBOY 　　　　　　　　**017**

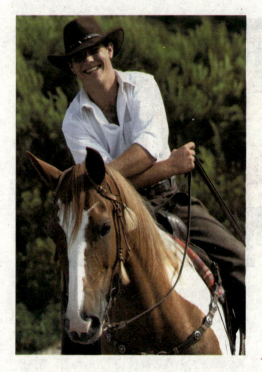

　　牛仔实指在美洲牧场上放牧牛、马群的人。最早的牛仔是那些来美洲居住的欧洲人后裔。他们狂放不羁的血脉中流动着的是贵族的优雅与冒险家的张狂，他们热爱自然，尊崇生活，喜欢表现自己……他们把牛放到没有边际的草原中，骑马随牛群驰骋。

　　牛仔的历史，就是西部大开发的历史。1865年美国内战结束后不久，数以万计的美国人开始涌向西部寻找土地，这次大规模的西迁运动持续了近40年，原本广袤而又荒芜的西部很快就成了人们的向往之地。就在这场迁徙中，牛仔应运而生。开始，他们的工作只是赶牛，

12～20名牛仔负责把2500头牛至5000头牛送往目的地。但很快，这成为一种西部精神的象征。

　　好莱坞大片将一个个牛仔演绎得沉默坚毅、充满英雄气概。而事实上，牛仔们并不像电影中反映的那样带有强烈的英雄主义色彩。牛仔们每天都进行着繁重的户外劳动，平均工作12小时以上且报酬甚微，只够维持日常生活开支。其子女也常会因为经费问题，得不到良好的教育。每当冬天来临，牧场都会裁掉大批的牛仔。这些失业的可怜人，只得四处打零工来维持家庭的生活开支。

　　然而这些处在社会最底层、充满美国开拓精神的西部牛仔，形成和完善着自己的牛仔文化，并且身体力行地把牛仔文化发扬光大。他们通常穿着的"制服"——牛仔裤、牛仔帽、牛仔巾、套索、牛仔靴，与牛仔们身上蕴含的独立、自由、叛逆、粗犷、豪迈的精神相得益彰、交相辉映。牛仔裤后来几乎完全脱离了一条裤子的原始意义，特别是蓝色牛仔裤，已经成为一个重要的文化符号，持续地影响着西方工业革命之后高度发展的现代社会。

　　美国牛仔文化可以说是平地而起，毫无保留地被人们接受，随着美国的强大，美国的文化开始风行世界。牛仔文化更是随电影中的牛仔形象一起深入民心。通过许多事实和传奇故事，牛仔精神已经成为美国精神的典型代表。而牛仔裤及牛仔服饰，就成了美国牛仔文化的一个鲜明符号。

可口可乐 COCA COLA 018

每一秒都有上万人享用可口可乐的产品。激情、创造在小小的一瓶可口可乐开启之时，便会随之喷薄而出。这一含有咖啡因的碳酸饮料曾被无数保健人士批评，可是人们却一直热爱它。人们在消费可口可乐时，更多的是在认同可口可乐的品牌，消费的是一种独特的文化内涵。

百年历史的可口可乐起源于药剂师彭伯顿的新奇发明。原本医治咳嗽的褐色糖浆居然带给患者愉快的感觉，且被大众快速认同。1892年，可口可乐公司正式成立，并开始研发旗下众多饮料品牌以满足大众的不同需求。第二次世界大战为可口可乐做了一次免费的宣传，美国大兵高大的形象配合香烟与可乐的宣传画在美国街头随处可见。当年可口可乐公司的承诺是保证每个军人在任何地方都可以以5美分的价格得到一瓶可口可乐。一箱箱运往前线为士兵解除乡愁的可口可乐附载着一层国家色彩，在人们的记忆中形成了深刻的印象。除了饮料本身外，可口可乐的玻璃瓶也极具特色——女性曼妙的曲线身姿。把这一流线型的瓶身拿在手中时，那柔美的曲线让人浮想联翩。

不仅是口感与外观，可口可乐也是世界上最早认识到体育营销的巨大价值，并实现体育营销长期化和系统化的企业之一。它支持体育事业，借此提升企业形象、扩大品牌知名度；利用重大赛事为其产品进行促销；增强与消费者的亲和力及沟通；促进企业的文化发展，加深消费者记忆；为企业公关及招待客人提供机会。历届奥运会上观众无时无刻不见可口可乐的身影。奥林匹克运动的精神是"更快、更高、更强"，可口可乐公司便提出"乐观奔放、积极向上、勇于面对困难"的核心品牌价值，让每届奥运会都成为其集中宣传品牌的战场。可以说，世界每个角落，都有可乐因子的存在。

麦当劳 MCDONALD　　　　　　　　019

　　麦当劳除了美味的食品外，更向消费者推销着一种以自我为中心的生活方式，突出个人的感受，重视自我。在这种文化推广中，将自身产品销售给更多用户。麦当劳以儿童、青少年为消费群体，向世界推广一种标准化快餐模式。发展至今已拥有了3万多家分店，遍布全世界六大洲百余个国家，是名副其实的美国快餐业的"巨无霸"。

　　去麦当劳用餐的消费者并不是多喜欢吃汉堡、炸薯条，只是喜欢在那里的感觉。清新洁净的布置，优美舒心的音乐，小朋友们嬉戏玩乐，欢声不断；年轻人轻声细语，吃这里的环境胜过食物。一句话，进入麦当劳让紧张的神经放松了许多，所以，尽管汉堡、薯条很难吃，但当远远地看到麦当劳标志，便不知不觉

走进去了！1990年，麦当劳在深圳开设了在中国的第一家分店。1992年北京开设了当时中国面积最大的麦当劳，当天便迎来4万名顾客，创下了单日营业额的新纪录。

　　麦当劳作为美国快餐文化向世界扩展的典型代表，在世界各地都受到过当地餐饮业、健康业的抨击。在早期进入中国时，很多人把去麦当劳吃饭当作"开洋荤"，这不仅是因为麦当劳的汉堡包是美国食品，而且因为相对于中式快餐店而言，麦当劳的食品售价足以令其加入"高档餐厅"之列。但在美国却不是这样，光顾麦当劳的客人多数是为了赶时间或图方便，医生和营养学家早就警告说，麦当劳等快餐店提供的食品虽然可以填饱肚子，但没有太多营养，不符合科学的饮食标准。

NBA   **020**

1891 年 12 月，詹姆斯·奈史密斯博士在美国马萨诸塞州春田学院发明了篮球运动，揭开了篮球运动发展的序幕。1936 年第 11 届柏林奥运会将男子篮球列为正式比赛项目，从此篮球登上了国际竞技运动的大舞台。NBA 成立于 1946 年 6 月 6 日，成立时叫 BAA，即全美篮球协会。1949 年 BAA 和 NBL 合并为 NBA。NBA 是全球性的运动及媒体企业，旗下拥有三个职业体育联赛，是世界上水平最高的篮球联赛，美国四大职业体育联赛之一。近年来，姚明、林书豪等亚籍明星的加盟，更使 NBA 进入中国体育迷视野。看 NBA 不仅是看一项比赛，更是看美国人的一种生活方式。NBA 已经变成一个舞台。"爱"、"竞争"、"嘻哈文化"等，都是美国文化的缩影。NBA 文化就是美国式的商业职业篮球文化，它根植于美国的商业文化和国家文化，其强势的原因不仅是篮球竞技，更是商业利益。

NBA 受到全世界篮球迷的关注，而几乎在每场比赛的转播中一种民族思想、意识与价值观也随之进行了一场扩散。作为美国推行其文化全球化的重要载体，NBA 承载着向全世界传播美国文化的重要使命，影响着民族社群的文化认同和文化延续。NBA 职业篮球的全球化战略已近 30 年，其球员、球队、市场均不断地向国际化扩张。其中最重要的内容之一就是进行人才资源垄断，把全世界的优秀球员集中在自己的联盟中，在观众的心目中树立"天下第一"的品牌形象。而这不断吸收外国球员的战略正是其整合的一项战略。如今的 NBA 联赛开始迈出了美国国界，在 NBA 不断扩展和推向全球的过程中，NBA 品牌隐含的巨大商业价值，是对国外资本的一种诱惑。尽管目前为止，低成本的合作只是给 NBA 带来一些小利益与"慢增长"，但未来的 NBA 将是一个以北美洲为基地的职业篮球联盟。这一切正如 NBA 现任总裁大卫·斯特恩所说的那样："NBA 已不再是一个国家的运动。"

NBA 的国际化正是美国文化全球化的一个缩影。全球化已经不单单在经济上进行扩散，它已经转向政治、文化中，不断向世界渗透，加上其资本的巨大力量，影响着世界各民族经济发展的步伐和方向。美国 NBA 篮球对世界文化和观念都进行着潜移默化的侵蚀与整合。

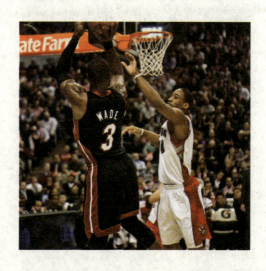

66号公路 021

美国人的迁移史创造出了其特有的美式公路汽车文化，有人戏称在美国人的身体里流淌的不是血液，而是汽油。66号公路，是美国勇敢与进取精神的见证。不仅在美国公路史上书写了首次实现东西贯通大动脉的奇迹，也在西部开发、经济危机、淘金热等各种代表性的发展史上留下了印迹。66号公路全长约3939公里，东起伊利诺伊州的芝加哥，西至加利福尼亚州的圣莫尼卡，从中部穿越8个州，整整跨过3个时区。

20世纪30年代，世界经济大萧条，时任美国总统罗斯福开展"以工代赈"工程从而修缮这条公路，提供了成千上万的工作机会，帮美国走出危机。随着20世纪美国州际公路逐渐发展，66号公路曾一度被废弃。但人们无法忘记66号公路曾带来的荣耀以及沿途美丽的风景，因此将其命名为"66号历史公路"。今天的美国，尽管已由I-40、I-44、I-55这样的州际高速公路实现了东西跨越，但66号公路的拥趸者依然热情高涨，公路所经的8个州分别成立了"66号公路协会"，并设计了各自的66号公路路标。太多西部片在这条路上取景完成，若你行驶其上，经常会遇到空无一人、手机没有信号的情况，但一场场关于美国的重头戏重回眼前，如美国乡村音乐、雪佛兰汽车和西部牛仔。

在美国自驾，66号公路绝不能缺少，精彩的不仅仅是风光本身，更是一段美国西部历史的旅程。它，造就了《在路上》《愤怒的葡萄》等文学佳作，而以66号公路为题材的电影也可谓经典迭出，比如《阿甘正传》、《蓝莓之夜》和《汽车总动员》，等等。尽管，66号公路在现在地图上已经无法找到，驶完其全程是非常困难的，但很多自驾爱好者还是行走与之平行的高速公路来体验这段荣耀。当你远远看到这条公路，最直观的感受，就是发自内心的感慨：我真的是来到了美国的西部。80余年的辉煌，使路上的一切都充满了怀旧气息，每一粒沙尘、每一片土地、每一幢老屋，每一个博物馆、每一家市场、每一家汽车旅馆，乃至每一家小餐馆，都能让你用心灵感受拓荒和淘金时代的那种激情，继而，在这条闻名全球，却简单质朴的道路上一往无前。电影《愤怒的葡萄》里充满感情地说："66号公路是母亲之路，是飞翔之路。"更有学者说，66号公路象征着美国人民一路走来的艰辛历程。

时代周刊 TIME 　　　　　　　　　　　　　**022**

　　《时代周刊》是美国影响最大的新闻周刊，有世界"史库"之称。1923 年 3 月由亨利·卢斯和布里顿·哈登创办。是美国第一份用叙述体报道时事的大众性期刊，覆盖面遍布全世界。现今的《时代周刊》共有四种版本，包括了美国主版、欧洲版、亚洲版、南太平洋版。欧洲版（Time Europe，旧称 Time Atlantic）出版于伦敦，亦涵盖了中东、非洲和拉丁美洲的事件，亚洲版（Time Asia）出版于中国香港，南太平洋版出版于悉尼，涵盖了澳大利亚、新西兰太平洋群岛。

　　今天，《时代周刊》仍保持着先驱的地位，它报道、阐述和解释影响亚洲乃至全球人们生活的所有事件。《时代周刊》早在创刊时便宣称，它旨在使"忙人"能够充分了解世界大事。该刊的特色是将一周的新闻加以组织、分类，并提供背景材料，进行分析解释。《时代周刊》的口号是：《时代周刊》好像是由一个人之手写出来给另一个人看的。"它指出"它对各个领域的报道，都不是写给各个领域的专家看的，而是写给《时代周刊》的'忙人'看的。"立足美国、关注全球一直是《时代周刊》的一大特色。《时代周刊》对新闻的关注极其敏锐，哪里有好新闻，哪里就有《时代周刊》记者的身影。它的笔端触及到世界的每一个角落，很多时候，一个小小栏目，在一天的报道里，就会涵盖十几个国家和地区的新闻。

　　时代百大人物（又称时代：最具影响力一百人，英文：Time 100）是美国《时代周刊》杂志的年度榜单，每年选取 100 位影响世界的人物。1999 年的榜单评选的是 20 世纪最具影响力的 100 个人，而 2004 年开始则每年评选。所以，不论是以前、现在、还是未来，能够进入《时代周刊》的视野的人与事，往往意味着在"时代"留下痕迹。

　　随着互联网革命导致的传媒业整体竞争格局的变化给杂志带来的新机遇，《时代周刊》也成为和其他类型的交流形式发生互动影响的新工具。它是最早全文上网的杂志之一，从其网站上可以浏览自 1994 年以来各期的所有内容。美国在线和时代华纳合并后，时代杂志集团利用美国在线庞大的顾客数据库和对互联网营销的专业经验，增加了大批订户。当很多传统媒体受到电子产品严重冲击甚至倒闭的时刻，《时代周刊》仍然成为美国传媒业的翘楚。

汽车旅馆 MOTEL　　　　　　　　　023

1923 年，美国加利福尼亚州圣路易斯·奥比斯波县一位名叫哈利·埃利奥特的商人总是往返于圣迭戈与旧金山之间的国家公路又苦于无处休息，于是委托建筑设计师阿瑟·海因曼（Arthur Heineman）设计一幢汽车旅客客栈。1925 年 12 月 12 日，客栈在奥比斯波竣工并挂牌营业，住宿费 1.25 美元 / 晚，取名"汽车旅馆"（motel）。汽车旅馆文化由此开端，继而成为美国资产阶级和汽车文化的象征。

汽车旅馆多设在公路两旁的小镇上，旅馆规模都不大，两至三层，有客房四五十间，周围有一片停车场，住客可免费将汽车停在入住房间的门前。旅馆通常没有大堂，只有一间不大的接待室。

汽车旅馆在淡季时的入住价格只有数十

美元 / 人，但设施相当于中国国内的标准房，有的甚至高于国内的三星级宾馆，房内有空调、电视、电话、地毯、桌椅、卫生间等，有的还配有冰箱、微波炉、熨衣板、电熨斗。汽车旅馆按美国习惯不供应开水，但全日供应冰块，因为住客多在汽车上带有保温箱，每天需入置新冰块保鲜食物，汽车旅馆附属设施很少，但即使如此，不少旅馆早晨还会免费供应冷热咖啡。

很多汽车旅馆是全国连锁店，知名度颇高，它们的建筑风格、室内设施、价格标准、接待规范基本一致。为便于顾客在公路上高速行驶时易于辨认，有的连锁店便以数字作为店名标志，如蓝底红字的"Motel6"、黄底黑字的"SuperMotel8（即国内常见的"速 8"）等，驾车者在数百米外就可清晰地看到 20 多米高的巨大数字灯箱广告"6"或"8"。"Motel6"连锁汽车旅馆，仅在美国就有 900 多家，在加拿大也有几十家分店。在这类连锁店的客房内都有一本旅馆手册，内有在北美各地连锁店的编号、地址、电话，并标明是在某号公路的第几英里的出口处，甚至还有简易图示，便于顾客检索。如今随着时代的发展，加拿大哲学家马歇尔·麦克卢汉就这样评说美国的汽车文化："美国是一个坐在汽车上的国家，我们不能想象，没有汽车的美国会变成什么样子。"同理，没有汽车旅馆的美国，你可能也同样无法想象！

山姆大叔 UNCLE SAM

024

山姆大叔是美国的绰号和拟人化形象，常被用来代指"美国"或"美国政府"，主要在美国、英国，尤其是在新闻界中使用较多。"山姆大叔"是美国的绰号，它同自由女神一样，为世人所熟知。

山姆大叔（Uncle Sam）一般被描绘成为穿着星条旗纹样的礼服，头戴星条旗纹样的高礼帽，身材高瘦，留着山羊胡子，鹰钩鼻，精神矍铄的老人形象。美国的报纸杂志、文学作品和漫画中，经常可以看到"山姆大叔"的名字及其生动的形象。在不同画家的笔下，"山姆大叔"神态各异，有的凶狠可憎，有的和蔼可亲。最令人难忘的山姆大叔画像，是由画家詹姆斯·蒙哥马利·弗拉格创作的——山姆大叔的形象是：高个子、白头发、下巴上有一小撮白胡子、身着深蓝色外套、头戴一顶高帽、上有星星点缀，这模样其实就是弗拉格的自画像。

一般认为，"山姆大叔"一名源于 1812 年美英战争时期，一位名叫撒米尔·威尔逊（Samuel Wilson，1766-1854）的美国人，他在战争中向美国军队供应牛肉，桶上的牌子写的是'EA-US'。EA 为公司名，US 为生产地美国，而 Uncle Samuel（山姆大叔）的缩写恰好也是 U.S.，于是在一次玩笑中，山姆大叔的说法很快传开，人们把那些军需食品都称为"山姆大叔"送来的食物。美国人还把"山姆大叔"诚实可靠、吃苦耐劳以及爱国主义的精神视为自己民族的骄傲和共有的品质。从此这个绰号便不胫而走。第一次世界大战中曾出现过"山姆大叔"号召美国青年当兵的宣传画，流传很广。1961 年，美国国会正式承认"山姆大叔"为美国的民族象征。21 世纪后，美国有些人提出，"山姆大叔"符号已经陈旧不应保留，而纽约州特洛伊的 Samuel Wilson（1776 ~ 1854），仍然代表了这个世界上最伟大国家的力量与理想，决定将美国传统符号"山姆大叔"正式固定下来，并将来自纽约州特洛伊的"山姆大叔"（Uncle Sam），作为美国国家象征"山姆大叔"的原本。

美国大兵 AMERICA SOLDIER 025

美国劳工研究机构的调查表明，许多年以来，凡是美国评选最受尊重的十大职业，军人总是位居其列。美国已经形成了政府给予军人和家属良好的福利待遇，而社会普遍形成尊重军人的风尚。而"美国大兵"正义形象也给世界人民留下了深刻的印象。

关于美国大兵，中国观众们印象最深的，可能就是 1988 年由美国著名导演斯皮尔伯格执导的《拯救大兵瑞恩》。导演采用纪录片的形式不仅在银幕上再现了当年诺曼底登陆时恢宏、惨烈、血腥的战争场面，而且独特的镜头画面让观众更加清晰地见证到战争的残酷与触目惊心，如在拍摄奥马哈海滩头登陆的战争场面时，导演拍摄出一个全长 26 分钟的长镜头画面，真实再现了当年振奋人心又令人肃穆的战争场面。此外，导演还更深层次地挖掘与再现战争时凸显出的人性情怀、英雄人物，从而让观众切身感受到战争中体现出来的人道主义精神，领悟富有深意的美国文化。

在马路上，经常可以看到保险杠上贴着"我喜欢海军陆战队"之类招贴的汽车，有的地方还拉出"我们支持我们的军人"的跨路横幅。在机场、公共汽车站等，也有军人优先登机或上车等优待。在美国学校的墙壁上，军人的画像会和总统等杰出人物的画像悬挂在一起，中小学教育课本中都有"军人保护祖国，也保护我们，我们要向军人致敬"之类的内容。

为了维护在美国民众心目中军人的正面形象，美国政府和军方不遗余力地从各方面入手，塑造可亲可敬的军人形象。美国军方制作了不少宣传片和广告，在每年的征兵季节时，集中在主要电视频道黄金时段播出，在机场等人流动密集的公共场所设置灯箱广告，甚至把征兵广告印在了长途汽车的车票上。美国的重大节日，如独立日、新年，各地都要举办节庆巡游，其中美军仪仗队和军乐队是必不可少的，也是最受欢迎的内容，绝大多数巡游的第一个方队就是军人组成的国旗队。著名的洛杉矶玫瑰花车巡游队伍的 50 多个方队里，就有仪仗兵、海军陆战队军乐队、空军军乐队等好几个，从"9·11"事情之后，引领巡游队伍的还增加了美军的隐形轰炸机和战斗机。一般社区的小规模巡游，请不到现役军人，也要想方设法请退伍军人、国民警卫队或预备役军人，甚至童子军来客串。

星条旗 THE STAR-SPANGLED ANNER   026

星条旗是美国国旗，旗面左上角为蓝色星区，区内共有 9 排 50 颗白色五角星，以一排 6 颗、一排 5 颗交错。星区以外是 13 道红白相间的条纹。50 颗星代表美国 50 个州，13 道条纹代表最初北美 13 块殖民地。星条旗在正式成为美国国旗后曾经过 28 次修改。最早期的美国国旗只有 13 颗星，之后每一个州加入合众国就在国旗上加上一颗星，但宽条数目不变。根据 1818 年 4 月 4 日通过的《国旗法案》(Flag Act of 1818)，只能在 7 月 4 日美国独立日这一天对国旗作出更改。1959 年 8 月 21 日夏威夷正式成为美国的一个州后，次年国庆日，国旗上的 49 颗星被改为 50 颗——这也是美国国旗距今最近的一次修改。对美国人而言，国旗有多种意义。国旗是美国宪法以及权利法案所保障的所有自由的象征。红色象征勇气，白色象征自由，蓝色则象征忠诚和正义。

有传说认为，第一面星条旗是由费城女裁缝贝特西·罗斯在获得了乔治·华盛顿的亲自授权后缝制的。1776 年夏初，她接待了由乔治·华盛顿、乔治·罗斯和罗伯特·莫里斯组成的三人委员会的拜访。华盛顿向贝特西出示了新生的美利坚合众国国旗的设计图，并请她赶制第一面国旗。几天之后，当华盛顿等三人再次登门时，贝特西已经完成了国旗的缝制工作，向他们展示了第一面美国国旗——星条旗。因为这段经历只有贝特西·罗斯自述为证，没有任何官方证明，但也因此体现了星条旗和

普通美国民众间的密切关系。

美国国歌《星条旗永不落》曾译《星条旗》歌）诞生在巴尔的摩。据传说，巴尔的摩市东南的麦克亨利堡，曾在第二次英美战争期间作为前哨阵地抗击英军。当时，有一位名叫弗朗西斯·斯科特·基的美国律师乘船到英舰交涉释放被扣留的美国平民。他目击了英军炮轰麦克亨利堡的经过，忧心如焚。次日早晨，当他透过战场上的硝烟看到星条旗仍在要塞上空猎猎飘扬时感慨万分，于是满怀激情地写下了《星条旗永不落》这首诗。诗歌很快不胫而走，后被配上曲谱后流传全国。1931 年，美国国会正式将《星条旗永不落》定为国歌。2014 年 9 月，在纪念和庆祝美国国歌 200 周年的活动中，副总统拜登在演讲时再次重申了星条旗的重要地位，他说："星条旗不仅在我们头上飘展，它活在我们心里，每一个美国人的心里。"

美国最美的城市 Chapter ❷

美国的城市，或许不如欧洲城市那样千姿百态，但同样风情万种：宁静优雅的华盛顿、魅惑变幻的纽约、生态乐活的芝加哥、星光闪耀的洛杉矶，处处都是经典的镜头，处处都是精彩的故事，处处都是享乐的满足，处处都是放纵的神采。因此，请不要以他人的视角，为它们做简单的是非定论，用自己的双脚去品读它，然后，得出最适合自己的人生答案。

华盛顿 WASHINTON D.C.   001

美国首都华盛顿，被誉为"收藏美国历史的博物馆"，1922 年竣工的林肯纪念堂，则是这座"博物馆"的标志性建筑

全称"华盛顿哥伦比亚特区"，是为了纪念美国开国元勋乔治·华盛顿和美洲新大陆的发现者哥伦布而命名。作为美国的政治中心，它集中了美国国会、总统府、国防部、林肯纪念堂等具有鲜明特色的标志性建筑，同时也是美国的文化、教育中心，聚集了国会图书馆、国立美国历史博物馆、国家艺术博物馆、国家自然史博物馆、国家宇航博物馆等世界著名的文化机构，同时也拥有乔治敦大学、乔治·华盛顿大学等世界一流的大学。

国会大厦

美国地标性建筑，是美国国会的办公大楼，建造于市中心一处海拔 25.3 米的高地上，美国宪法规定，华盛顿的任何建筑都不得超过国会大厦的高度，国会大厦也就成为华盛顿的最高点，也因此被称为国会山。国会大厦长 228.9 米，宽 106.7 米，通体采用白色大理石建造，中部为圆顶主楼，两翼分别为美国参议院和众议院，主楼上竖有一座 5.9 米高的"自由雕像"，顶尖离地有 30 米，是华盛顿最引人注目的路标。它既是美国参、众两院的办公场所，也是美国历史上著名人物以及世界各国艺术珍品的展厅。站在国会大厦上俯视全城，你会立即感受到它的庄严、肃穆与神圣。

白宫

美国总统府所在地，位于市中心宾夕法尼亚大街，坐南朝北，由世界著名建筑师詹姆斯·霍本设计，共占地 7.3 万多平方米，由主楼和东、西两翼三部分组成。主楼高 26 米，宽 52 米，进深 25.75 米，共有底层、一楼和二楼 3 层，是乔治·华盛顿之后历届美国总统办公和居住的地方，两个多世纪以来 40 多位白宫主人在这里工作与生活。作为美国总统的官邸，它是美国政要名流的舞台，备受世人关注，它还是世界上屈指可数的定期向公众开放的国家元首官邸，因此也成为游人观光的热点。可参观的部分主要是白宫的东翼，包括底层的外宾接待室、瓷器室、金银器室和图书室，一楼的宴会厅、蓝厅、红厅、绿厅和东大厅。美国总统的椭圆形办公室位于白宫的西翼。白宫主楼的南面是著名的南草坪，通称总统花园，

TIPS

📍 **地址** 位于美国东北部，临近大西洋，位于波托马克河与阿纳卡斯蒂亚河交汇处。

园内花红草绿，绿树成荫，国宾来访时，美国总统都要在此举行正式的欢迎仪式。

林肯纪念堂

为纪念亚伯拉罕·林肯而建。于 1914 年破土动工，1922 年完工。纪念堂是一个长方形建筑，东西长 40 米，南北宽 57.3 米，高 24.4 米。纪念堂外廊四周有 36 根石柱，柱高 13.4 米，底部直径 2.26 米，象征着林肯在世时美国的 36 个州；顶部护墙上有 48 朵花饰，代表纪念堂落成时美国的 48 个州。走进纪念堂，迎面是由美国著名雕刻家丹尼尔·切斯特·法兰奇创作的林肯坐像。在纪念堂台阶下，还独具匠心地配套建成了约 610 米长的倒影池，一直向华盛顿纪念碑方向延伸。从华盛顿纪念碑下西望，倒影池映照出神圣庄严的林肯纪念堂，而在林肯纪念堂前东望，又正好倒映出华盛顿纪念碑高大雄伟的碑身。

国会大厦是美国的象征，四年一度的总统就职典礼，就在国会大厦的前主楼的平台举行

纽约 NEW YORK 　　　　　　　　　　**002**

最美理由 /
　　"世界之都"纽约是现代大都市的代表作。世界遗产自由女神像是纽约的象征，吸引了各国移民不远万里来追寻这块自由的乐土。纽约意味着冒险和机遇，这里每天都上演着奇迹。繁忙的华尔街是美国金融帝国的象征，繁华的第五大道聚集了世界精品，永远闪烁巨幅广告的百老汇，24小时运营的地铁，从不间断的人流……谁知纽约"不夜城"的另一面却也深沉宁静；

大都会艺术博物馆、古根海姆博物馆的收藏，汇聚成一道世界艺术的长河，从古代文明至当代艺术，都是精品杰作。
最美季节 / 4~7 月
最美看点 / 自由女神像、华尔街、百老汇、中央公园、格林尼治村
最美搜索 / 纽约州

　　"在纽约你永远不会孤独，因为城市就是你的伴侣"纽约是一个色彩多变的国际大都市，永远闪耀着的，是既古老又现代的时尚情怀

纽约市是美国最大的城市和第一大港，也是世界城市的重心，它的触角直接伸入全球的政治、金融、文化、时尚、娱乐等领地。纽约的魅力不是三言两语能说得清楚的。

自由女神像

位于纽约港口的自由岛上，是 1876 年法国人民送给美国作为美国独立 100 周年的礼物，它象征着美国人民争取自由的崇高理想。女神头戴冠冕，身着古罗马长袍，右手高擎 12 米的火炬，左手抱美国《独立宣言》，双唇紧闭，目光凝重。铜像以 120 根钢铁为骨架，80 张铜片为外皮，30 万只铆钉装配固定在支架上，像高 46 米，底座高 45 米，总重量达 225 吨。铜像内部结构是埃菲尔铁塔设计师埃菲尔设计制作的。从铜像底部乘电梯可直达基座顶端，沿着女神像内部的 171 级盘旋式阶梯登上冠冕处。冠冕处四周开有 25 个高约 1 米的小铁窗，可同时容纳 40 人观览。从窗口远眺，东边是高楼林立的"钢铁巴比伦"曼哈顿岛，南边是一望无际的纽约湾，北边的哈得孙河透迤流向远方。

华尔街

坐落在曼哈顿南区。华尔街长 500 米，宽仅 11 米，两旁摩天大楼林立，街如峡谷。这里是美国一些主要金融机构的所在地，10 大银行中的 6 家总行都在此。每天从黎明到夜晚，上演的都是快节奏的生活。位于新街和布罗德街之间的纽约证券交易所，你可以在观光厅廊上观看工作人员忙得晕头转向，如打仗般紧张的工作场面。

置身纽约市中心，在你面前缤纷跃动的，不但是纽约迷人的城市风景，还有"欲望都市"最强烈最变幻的动感潮流

百老汇

位于市中心，是一条以巴特里公园为起点，南北纵贯曼哈顿岛，全长 25 千米的长街。街上高楼蔽日，车水马龙，行人如织。入夜，巨幅广告霓虹灯绚烂夺目，灯火辉煌，被誉为

随处可见的热狗摊子简单而平凡，但它，就是纽约平民生活的写照

纽约最大的特点就是它的包容，在这里，任何人都可以按自己想要的生活方式生活

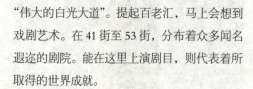

"伟大的白光大道"。提起百老汇，马上会想到戏剧艺术。在41街至53街，分布着众多闻名遐迩的剧院。能在这里上演剧目，则代表着所取得的世界成就。

中央公园

俯瞰曼哈顿，在高楼之间有片长方形的绿地，这就是有"纽约绿洲"之称的中央公园，号称纽约的"后花园"。公园南北长4千米，东西宽800米，占地面积达3.4平方千米，包括两座小动物园。这里树林茂密，湖泊密布，草坪如茵，甚至还有农场和牧场。公园的地下还建造了公路，既不影响车辆过境，又不打扰游园人的清静。

格林尼治村

这里有百年历史的老房子，红砖上爬满了常春藤。空气里有浓郁的树叶和阳光交织蒸发的味道。一些囊中羞涩的艺术家们晃荡在这老旧的街道上，在敞开的木窗子前写作，在窄街角上幽暗的咖啡店里卖画。渐渐地，这里成为一道景观，围满了游客。

纽约的夜景，是全球最异彩纷呈、最活色生香、最高潮迭起的城市乐章

纽约拥有全美最具特色的景致，以及全球最有名的城市公园

埃利斯岛

对于无数移民来说，这里，意味着一个个传说，一次次抗争，意味着湮没在发黄书页中的，并非美丽的记忆。埃利斯岛位于纽约市曼哈顿炮台西南部，距曼哈顿只有15千米，离"自由女神像"仅有300米远。1892年1月1日到1954年11月12日期间是移民管理局的所在地，许多来自欧洲的移民在这里踏上美国的土地，进行身体检查和接受移民官的询问。现在，这里已经改建为移民博物馆，再现当年移民入境的景象。当你漫步在大厅里，面对苛刻繁多的检查项目，可以感受到当年在走廊中排着长队的移民们的复杂心境：怀抱梦想，背井离乡，总担心条件不合格被遣送回去。"家庭历史中心"收藏着当年的照片、船运清单和乘客姓名。"有声资料中心"汇集了许多埃利斯岛移民珍贵的有声资料，在这里可以听到白发苍苍的爷爷奶奶用他们那苍老的声音叙述往事，一个充满戏剧性和魔法的时代，仿佛重新展现出来……

纽约是只"大苹果"

你知道纽约的这个昵称是怎么来的吗？虽然说法有多种，但最广为流传的便是50年前，爵士音乐家们通过在美国许多城镇表演来挣钱谋生，但他们最喜欢在纽约演奏。早期的爵士乐手便把纽约比作树上的一个丰厚多汁的大苹果，因为纽约有薪水最丰厚的工作，有大把的钱可以赚，而且还有更多的人喜欢爵士乐。之后，市政府官员希望吸引更多的游客来参观纽约市，便想起了爵士乐手的故事，于是便开始在广告中使用这个新说法。自1921年，大苹果市（Big Apple），被称为纽约市的别称。时至今日，每年的12月31日纽约时代广场上都会举行除夕倒计时活动，代表纽约的"大苹果"水晶球会在午夜钟声即将响起之时缓缓落下，庆祝新的一年到来，场面热闹非凡。

纽约号称"民族的大熔炉"，不管你的皮肤是什么颜色，在纽约都能找到属于自己的空间，把它变成你个人最富生命力的舞台

波士顿 BOSTON

最美理由 /
　　如果你想了解美国文化中寻求自由与平等的真谛，那么你一定要来波士顿。高楼林立的广厦万千中，不时能散见几座曾经关系"美国独立"的建筑，标志着它脱离英国殖民统治的独立与坚强。富丽堂皇的波士顿公共图书馆，举世闻名的自由之路以及简洁明快的

旧北教堂……使它看上去既年轻又古老，尘封与创新都在波士顿得到了微妙的结合。
最美季节 / 5 月中旬～10 月中旬
最美看点 / 波士顿公共图书馆、旧北教堂、自由之路
最美搜索 / 马萨诸塞州

关于波士顿的意义，有人说，（波士顿）的事件已经影响了整个国家的历史，正在塑造来到这个国家的人民的思想，波士顿在其中扮演了领头的角色

　　波士顿创建于 1630 年，是美国最古老、最有文化价值的城市之一。该市位于美国东北部大西洋沿岸，是美国马萨诸塞州的首府和最大城市。1620 年，一批因受宗教迫害的英国清教徒乘坐"五月花"号船，经过长途艰辛的航行来到此地移民，他们中有许多人来自英国林肯郡的波士顿镇，所以后来便把他们的定居点用故乡的名字波士顿来命名。

　　波士顿还是美国独立革命的发源地。浓

郁的人文思想在此地扎根生长，美国最具代表性的学院，如著名的哈佛大学、麻省理工学院等几十所大学也设立于此。

波士顿公共图书馆

　　创立于 1895 年，可谓全美最富丽堂皇的建筑物之一。美国著名建筑师麦克吉姆·米德参与设计。整座建筑呈现了意大利文艺复兴时期的风格，内部壁画更是由美国著名画家约翰·辛格·萨金特完成。单是馆内精致的壁画、

波士顿的很多建筑，依然保留着浓浓的旧时代韵味

TIPS

📍 **地址** 位于美国东北部大西洋沿岸。

📍 **贴士** 1. 波士顿地铁售卖 1 日多次乘坐地铁票，较为划算。

2. 旧北教堂开放时间为周一~周六 9:00 ~ 17:00，周日 8:30 ~ 11:00。

雕刻，以及青铜大门就值得参观者仔细鉴赏，被誉为市政建筑的典范。图书馆内藏有众多古今文献以及珍本图书。向市民开放的公开态度，使图书馆享有"人民的皇宫"之美称。

旧北教堂

波士顿百年历史的见证物，高高耸立的尖塔日夜俯视着波士顿城的变化革新。教堂建立于 1723 年，采用砖式结构，内部色调以白色为主，视觉清晰明朗，增加了教堂的神圣之感。旧北教堂的尖塔极具传奇色彩，美国独立战争期间的英雄鲍尔·利维拉曾在教堂尖顶处挂出两盏石油灯示警而保卫了武器库。为纪念这位英雄的壮举，教堂前修筑了骑马铜像。天气晴朗之时，登上教堂塔尖，可以观赏波士顿市的美丽景色。

自由之路

这是从波士顿公园到邦克山纪念碑之间的一条由红砖铺成的路，全长 4.8 千米，串联了十余个反映殖民地时代及独立战争时期波士顿历史的重要景点。沿着红线指引的方向，走过美国发展史中一个又一个的遗迹，波士顿300 多年的历史便在眼前慢慢移动、清晰起来。

康科德"美国文学经典"诞生地

康科德（Concord），一个宁静的小镇，大名鼎鼎的瓦尔登湖所在地。先后在这里工作、生活过的文艺家包括：爱默生、梭罗、霍桑（《红字》作者）、奥尔科特（《小妇人》作者）、玛格丽特·富勒、皮博迪小姐、路易莎·梅等。短短几十年间，一大批日后被誉为"美国文学经典"的作品在这里诞生：《瓦尔登湖》《红字》《小妇人》《白鲸》《草叶集》等。用今天的话讲，这绝对是美国最具文艺风范的地方，面对瓦尔登湖宁静的湖水，不禁让人想起梭罗说过的一段话："我到树林里去是因为我希望能够有意义地生活，面对生活中最有实质性的事实，看看我能不能学会生活必须教会我的东西，而在我死的时候，不会发现我其实没有活过。"

费城 PHILADELPHIA　　　　　　　　　004

最美理由 /
　　当美国国旗第一次在全世界人民面前升起时，费城就开始在美国历史上扮演重要角色。著名的《独立宣言》在此地签署，国父乔治·华盛顿在这里书写了卓越的政坛伟绩，就连美国宪法草案也在这里起草。独立厅、自由钟、国家独立公园都为这里增添了浓厚的历史色彩，来到美国参观这里保存完好的美国历史古迹，仿佛是一次与沧桑过往的对话。

最美季节 / 1 ~ 7 月
最美看点 / 独立厅、自由钟、国家独立公园
最美搜索 / 宾夕法尼亚州

费城是美国《独立宣言》的签署地，当你深深凝视着飞扬的星条旗，时间，仿佛就又会回到 200 余年之前自由之钟敲响的时刻

　　曾在 1790 ~ 1800 年为美国首都的费城，是著名的历史古城。《独立宣言》在这里签署，自由钟在这里敲响。无数的美国人在这里高举双臂庆祝他们的自由。这里也是美国第六大城市，临河的地理位置使其成为重要的工商业城市，无论在历史上还是在现在都为美国经济做出了杰出的贡献。

　　费城街道上留有诸多美国独立战争前后的古迹文物。众多高等院校和科学研究机构、博物馆、美术馆都建立于此，著名大学宾夕法尼亚大学也建立在该城市。整座城市充满了人文气息，费城交响乐团更是举世闻名。

绿意盎然的费城，每年都拥进不计其数的游客，独立厅、自由钟、国家独立公园、戏院和快活的古典音乐……都是游客必去观赏的，而正是这些建筑与文化，向游客最大限度地诠释了费城独有的魅力与古朴。

独立厅

费城最著名的建筑物。独立厅是一栋传统的两层佐治亚式红砖楼房，白色的门窗、尖塔，正屋和塔之间镶嵌着一座大时钟。就是在这座朴实无华的楼房里，诞生了《独立宣言》和美国宪法。独立厅还曾是美国独立战争的指挥中心，作为美国著名的历史文物建筑，目前室内仍然保留着当时的会议场景。

自由钟

自由钟，又称"独立钟"，是美国独立战争最主要的标志，也象征着自由和公正。因制作质量问题，曾重铸了两次，但终于还是因敲打留下了无法修复的裂痕。每年的独立日，自由钟就会被敲响，之后全美教堂祝福钟声齐鸣，景象异常壮观！自由钟是费城的象征，更是美国自由精神的象征，是美国人的骄傲。

国家独立公园

被称为"美国最具有历史意义的园区"。在这里人们可以找到美国历史的开篇。这里是费城旅游贸易的中心地带。漫步于斯，你能从这里的瓦砾中感受到美国独立战争播下的种子最终孕育了美国政府。美丽的城市草坪上遍布着松鼠、鸽子和经过化装的演员，使这里拥有一派和谐而温馨的景象。

TIPS

📍 **地址**　位于宾夕法尼亚州东南部。

📍 **贴士**　1. 多数自动取款机对外国银行卡每笔交易收取大约 1.5 美元的服务费。

2. 国家独立公园内部景点开放时间为 9:00 ～ 17:00，有时周日关闭，公园会提前出示通知。

自由广场：美国历史的见证

1774 ～ 1776 年期间美国的两次大陆会议在费城召开，1776 年 7 月 4 日通过了著名的《独立宣言》，1787 年在此地召开了制宪会议，首部美国联邦宪法就诞生于此。

自由广场面积广阔。放置于广场一侧玻璃房内的自由钟，是英国伦敦著名的怀特佩尔铸造厂铸造的，已有 250 多年历史，900 多千克，由多种金属混合而成，钟面上刻着《圣经》名言："向世界所有的人们宣告自由。"虽然现在它已经不能被敲响，却与自由女神一样，是美国人心中自由的象征，也是美国政治的象征。

查尔斯顿 CHARLESTON   **005**

最美理由/
　　一排排郁郁葱葱的椰树，一栋栋造型别致的度假小屋，一株株芬芳四溢的山茶花……每日在第一缕金黄色的阳光照射下，推开白色的遮阳窗，真正感受面朝大海的自在与舒适。带上少年时代痴迷的《飘》《乱世佳人》，在城内细细寻觅每一处故事中的场景，城内的古朴气质仿佛让时光也回到了百年之前。这就是查尔斯顿，它所独有的安详与淡定会使每个人在短短几秒钟内爱上这里

最美季节/ 春、夏季
最美看点/ 布恩大厅庄园、查尔斯顿博物馆、南卡罗来纳水族馆、圣马利亚教堂
最美搜索/ 南卡罗来纳州

走进查尔斯顿，随处可见的，都是电影《乱世佳人》的场景，那《飘》不去的曾经时光，以及斯嘉丽的笑声，似乎从未走远

　　查尔斯顿始建于 1670 年，是美国最古老的小城之一，人口仅 8 万。其天然优质的海港使它迅速成为美国南方最富有的小城之一。这里拥有美国最早的海关、最早的黑奴贩卖交易市场、美国南北战争纪念碑以及历史悠久的古炮台。另外，查尔斯顿还是美国最大的军港之一，代表美国海军科技顶峰的第七舰队的航空母舰停泊于此，不少游人都在这里与这庞然大物合影留念。

　　查尔斯顿水清沙白，空气湿润，是全美公认的度假胜地，也是美国及全世界各地富豪的聚居场所。面向海岸，树荫下造型别致的度假小屋，一栋造价可达几百万美元。内部陈设富丽奢华，充满贵族气质。查尔斯顿城市建筑充满了西班牙与墨西哥风情，路旁建筑物高度均不超过三层，造型多姿多彩。漫步街头，酒

吧与咖啡馆里飘荡出的拉美情歌更是风情万种。查尔斯顿的美丽风景每年吸引了大批的电影制作商，许多俊男靓女都亮相街头，为这里平添了一道风景。

布恩大厅庄园

苍郁的橡树林、遮天蔽日的林荫道、百年的庄园都在向游人诉说着庄园的悠久历史。电影《乱世佳人》的场景正是源于此地。常年盛开在花园的各类奇花异草、布置得富丽堂皇的洋楼客厅、打扫得一尘不染的宽大书房，都彰显出庄园主昔日的奢华生活与非凡气度。庄园楼前的台阶上，每天都有演员模仿《乱世佳人》的场景片段，常有游客连续数场地观赏。

查尔斯顿博物馆

该馆于 1824 年开放，被公认为全美最古老的博物馆。馆内收藏记录了查尔斯顿发展与转折的相关历史物品，藏品种类繁多。这里展出了乔治·华盛顿的洗礼杯、代表们签署南卡罗来纳州会议法令时坐过的椅子以及美国内战时期所使用的枪炮等。从细节中看历史的诠释方法极大地调动了参观者的兴趣。

南卡罗来纳水族馆

查尔斯顿的海港位置对于海洋生物的研究有着绝对的优势，南卡罗来纳水族馆内聚集了上万种包括鱼类、蛇类、水獭、鲨鱼、水母等水生物种。阿巴拉契亚分水岭中集中的物种稀少罕有，有些甚至是世界濒临灭绝的水生物种。在众多水族生物的包围下，游客还可以从海洋馆中饱览查尔斯顿海港的浩瀚景致。

圣马利亚教堂

查尔斯顿又有着"尖顶之城"的美称，城

查尔斯顿展示的是美国的另外一面，让你慢下来，品味生活之美

内存留有大量的教堂，最著名的当数圣马利亚教堂。这座建筑修建于 1839 年，是古典复兴风格的经典之作，教堂内有大量的以宗教神权为题材的浮雕作品，工艺之精细，令人惊叹。另外，教堂三面的长廊、19 世纪的油画以及墓地中刻有法文的墓碑都是这座教堂的独特之处。

圣弗朗西斯科（旧金山） SAN FRANCISCO　006

最美理由 /

　　圣弗朗西斯科是全美最美丽的城市，这里有冬暖夏凉的气候、碧蓝如洗的晴空、风光旖旎的海滩、精妙绝伦的维多利亚式建筑群、雕梁画栋的唐人街、永远处于嘉年华兴奋中的渔人码头、世界上最大的单孔吊桥之金门大桥、全美面积最广阔的金门公园、世界遗产约塞米蒂国家公园、世界上最弯曲的街道九曲花街……这里还是一个胸襟开阔、包容性强的多元化城市，不同种族、信仰的人们在这里自由自在地生活着。

最美季节 / 四季皆宜，每月都有节庆活动

最美看点 / 金门大桥、渔人码头、约塞米蒂国家公园、金门公园、九曲花街

最美搜索 / 加利福尼亚州

旧金山拥有全球最美丽的海湾，也是美国最宽容大度的城市之一，曾经的淘金热虽然早已是过眼烟云，但特立独行的气质，却始终在旧金山流淌

　　"西海岸门户"圣弗朗西斯科是美国与太平洋地区贸易的主要海港，市区面积119平方公里。这座城市因百年前的"淘金热"而成长起来，积累了巨大的物质文明。"旧金山，敞开你的金门吧！"来这里的游客都会为这个地方心潮澎湃，热血沸腾。

金门大桥

　　建于1937年，耗资达300万美元。桥长2780米，中心高度距海面约为67米。桥两端有两座高达227米的塔。整个大桥是橘黄色的，两端矗立着钢柱，用粗钢索相连，显示出力量的美。设计者施特劳斯的铜像安放在桥畔。这是人类建筑史上一个里程碑式的成就，它与西海岸的自然风光交相辉映。今天的金门大桥每天约有10万辆汽车从上而过，是世界上最繁忙的桥梁之一。

渔人码头

　　圣弗朗西斯科最充满欢乐气息的地方。巨蟹标记是渔人码头的象征。来到这里，可以去码头上的"巴尔克拉萨"号参观这座漂浮的博物馆，在"波丁酸面包工厂"对螃蟹酸面包大快朵颐，去蜡像馆看名人搞怪的蜡像，漫步"水底世界"欣赏圣弗朗西斯科湾的海底，或者去街头走走，欣赏精彩的艺人

表演，也可以在宽敞而有格调的购物中心血拼一场，累了的话，就到"美景小饭馆"要一杯香浓的爱尔兰咖啡。总之，在渔人码头你可以过得无拘无束。

城市之光

作为垮掉一代的发源地的美国旧金山城市之光书店，代表着自由、平等、先锋的生活理念，堪称旧金山的文化地标。

1953 年，城市之光由劳伦斯·佛林格提开设。作为著名的前卫诗人、作家和出版家，佛林格提有着敏锐的视角和判断，他决定将其开创为美国第一家专门出售平装书的书店，这对认为平装书难登大雅之堂的当时美国社会来说，是一个颇为震惊的举动。"城市之光书店"面对哥伦布大道上的一整面外墙与橱窗，是一个地地道道的大灯箱，经常变动的墙面长布条或窗上大字报，总是与时事新闻密切相关，反映书店主人佛林格提的理念与观感。大字报上的手写标语，都是出自他之手。在如今多元文化和信息的冲击下，城市之光依然傲然屹立，并被旧金山政府宣布为标志性建筑物之一，成为名副其实的文化古迹。

金门公园

从太平洋海岸一直延伸到旧金山市中心，横跨 53 条街，占地达 4 平方千米，由十多座各具魅力的小公园组成。迪扬纪念博物馆以拥有齐全的美国艺术家画作，殖民地时期的家具、缀锦，以及非洲、大洋洲各地区的艺术精品而傲视全美。亚洲艺术博物馆以典藏亚洲 40 余国上万件作品为荣。日本庭园是公园最具魅力的景点，它讲究池泉和林木相互衬托，3 月末

TIPS

📍 **地址** 位于加利福尼亚州西北部，美国西海岸中点。
📍 **贴士** 有美味的酸面包、阿甘虾、爱尔兰咖啡。

俄罗斯街是旧金山最富裕的街区之一，其历史可以追溯到淘金时代，若你从山顶眺望，可俯瞰著名的金门大桥和恶魔岛

樱花盛开，是这里最迷人的时节。史托湖是 7 座人工湖中面积最大的，湖光山色，多见一家人在此泛舟。草莓岛上的中国式凉亭是从中国台湾运来的。荷兰风车是为解决公园绿林用水的。林肯公园是打高尔夫球的好地方。

九曲花街

圣弗朗西斯科的一大特色。从浪巴街到利文街的大下坡，修筑了许多花坛，车行于此只能盘旋而下，时速不得超过 8 千米，以此减少交通事故。车道两边的花坛里种满了玫瑰，家家户户也都在门口种花养草。花开时节如一幅绣毯，美不胜收。

洛杉矶 LOS ANGELES　　　　　　　　　007

最美理由 /

　　洛杉矶是美国西海岸加利福尼亚州南部一座风景秀丽、繁华璀璨的海滨城市。摘星族梦寐以求的好莱坞，代表高科技财富的硅谷，这些如雷贯耳的地方就坐落在此。象征着财富与名望的贝弗利山庄，山上有许多巨星的豪宅。全球闻名的星光大道，数千位好莱坞明星烙下了他们的印记。格里菲斯公园是全美最大的城市公园，圣莫尼卡海滩是理想的休闲地。好莱坞还是一座完美的购物天堂，来这里血拼可以买到世界最时兴的商品，更叫人兴奋的是极有可能遇见屏幕上的那些明星脸。

最美季节 / 四季皆宜
最美看点 / 好莱坞、购物中心、格里菲斯天文台、海滩、唐人街
最美搜索 / 加利福尼亚州

洛杉矶是美国地地道道的娱乐之都，是名副其实的"天使之城"，这里不但拥有巨星云集的好莱坞，还拥有众多主题乐园和艺术博物馆

　　洛杉矶是美国第二大城市，人口最稠密的地方。它既有旖旎风光，又有都市气质，是一座令游客乐而忘返的城市。

好莱坞

　　位于市区西北郊，贝弗利山附近。20世纪初，电影制片商集中在此，使这里逐渐成为世界闻名的影城，也是美国的文化中心。20世纪三四十年代是好莱坞的鼎盛时期。主要街道日落大道两旁高级影院和商店林立，极为奢华。好莱坞环球影城分为电影车之旅、影城中心、娱乐中心三个区。在影城中心可以亲身体验电影中一些场景是怎样拍摄的。电影魔幻世界中把希区柯克电影中的特殊拍摄效果重新展现，观众可以参与演出剧中情节。从洛杉矶市区往北行50分钟，就是六旗魔力山，主题公园中有许多游乐设施，如原子滑车、水上世界等。

购物中心

　　时尚街区女人街是世界第二大时尚专区，商店数量超过700家。罗迪欧大道是洛杉矶市最高档、最精美的服饰商业街，这里聚集了世

界闻名、最受公众欢迎的国际顶级大师的设计作品，有阿玛尼、香奈儿等，是格罗芙运动服装爱好者的首选购物场所。好莱坞风格还有许多免税商店。在梅尔罗斯大街上购物，很有可能在你旁边挑选时装的正是某位明星。拉辛尼加大道上的"克劳格大师"是鞋痴的天堂。布克书店是作家发行新书时的首选地点。

格里菲斯天文台

位于好莱坞山顶上的格里菲斯公园内，于 1935 年开幕。天文台外观是一栋白色建筑，有三个黑色圆顶。石柱上刻着历代著名科学家像，柱旁有一个日晷。天文台视野开阔，是观洛杉矶夜景的好地方。据说，这里是最受情侣欢迎的地方，很多人在此订下终身。天文台顶上有一座加州最大的 12 英寸巨型天文望远镜，游客可以通过望远镜来探索群星的奥秘。天文台的太空剧场有一个内核巨大的行星仪，利用投影设备，可以呈现出浩瀚苍穹的银河景象；激光灯光秀让人欣赏到四壁投射的千变万化、五彩缤纷的激光，和着美妙的音乐，有种飘飘欲仙之感。特别要提及的是，在停车场上仰头一望，对面山头正是巨大的 HOLLYWOOD 标志，每个字母高达 13.7 米。

海滩

洛杉矶海滩商业气氛浓厚。圣莫尼卡海滩原是加州最古老的码头，现已成为人声鼎沸的国际观光中心。海滨沙滩上挤满了运动的人们，夜晚又是约会胜地。第三街商区商店包罗万象，从国际名牌到另类商店一应俱全，这里还是多部电影的取景地。

📍 **地址** 位于加利福尼亚州，太平洋东侧的圣佩德罗湾和圣莫尼卡湾沿岸。

比弗利山庄是"全世界最尊贵的住宅区"，也是狗仔的最爱，因为形状为圆心的街道上，总有大把明星素颜出行

比弗利山庄——财富和名利的代名词

比弗利山庄（Beverly Hills）——财富和名利的代名词，虽然它仅有 6 平方千米，却是洛杉矶市内最有名的城中城，拥有全球最高档的商业街，云集了好莱坞影星们的众多豪宅。而且最有趣的是，这里竟然是一个独立的城市，有自己的民选市长、警察局、消防部门等职能部门，有自己的旅游推广机构，甚至还有自己的报纸。主要大街威尔榭大道，是银行、商业大厦所在地，这条街上有数不清的顶级大百货公司。据说比弗利山庄只有三种人有能力居住，分别是"大明星、犹太律师、中东富豪"。迈克尔·杰克逊、布拉德·皮特、贝克汉姆和维多利亚、美国前总统里根……都在这里一掷千金置下豪宅。如果你是美剧迷，那些人气美剧以及真人秀《比弗利山庄贵妇的真实生活》肯定有所耳闻，这些生活在万众瞩目下的人们，站在奢华的顶峰，引领着全球的风尚潮流，向我们抛出一个又一个五光十色的梦想。

圣莫妮卡 SANT MONICA   008

最美理由 /
在圣莫尼卡海滩晒太阳，可以说是美国加州人最喜爱的休闲方式。阳光、沙滩、太平洋海水加上啤酒、冰激凌，再没有什么能比得上这么轻松悠闲的生活方式了。夜晚降临，举世闻名的太阳能摩天轮又为这座

城市增加了一层浪漫的情调。浮于海面的云霄飞车紧张刺激，与宁静的海滩形成了一种独特的对视。
最美季节 / 5 月中旬 ~ 9 月初
最美看点 / 圣莫尼卡码头、太平洋游乐园、盖蒂中心
最美搜索 / 加利福尼亚州

《阿甘正传》电影中，阿甘跑步到的西岸即圣莫尼卡；电影《泰坦尼克号》Jack 对 Rose 说要带 Rose 来圣莫尼卡坐摩天轮

圣莫尼卡位于洛杉矶国际机场以北，是美国加州最吸引人的海滨城市。圣莫尼卡从 1870 年以来以海边度假胜地而闻名，众多旅馆、商店在此兴建，越来越多的人前来此地定居，至 1887 年这里投票成立独立城市。

圣莫尼卡气候温和，冬暖夏凉，且交通便利。许多美国家庭都驱车来此，度过愉快的下午。圣莫尼卡码头上高高耸立的摩天轮早已通过明信片被众人熟知，而建于海面足有 30 米高的云霄飞车更是刺激过瘾。这里最为繁华的地区要数第三街步行街，这条街道被用来专门做游行表演使用。每到夜间，道路都被艺人、影吧、酒吧和各式各样的小餐馆占据，异常热闹。

圣莫尼卡码头

码头建于 1908 年，是美国西海岸最古老的码头，也是圣莫尼卡的象征。沿着太平洋海岸前进，会看到巨大的圣莫尼卡码头招牌，继续前行就可直接进入这片一望无际的太平洋海岸线，两旁是宽广的停车场，可以停至凌晨。好莱坞出产的诸多电影、电视剧都在此地拍摄。这里有很多酒吧和咖啡厅，还可以品尝到新鲜的海鲜。每逢节假日，这里还会举行小型演唱会和舞会。每当清晨朝阳初升之时，都会有当地的老人在此地散步，显现出喧嚣城市安宁平和的一面。

太平洋游乐园

圣莫尼卡的一大重要地标，最为出名的当数海面之上的摩天轮。该摩天轮最早建于1996 年，是当时世界上唯一一座太阳能摩天轮。后在网上拍卖给一名房地产商，经改装后，摩天轮装有 16 万个发光二极管来收集太阳能，一到夜晚便将太阳能转为电能，为游客上演一场光彩夺目的视觉大戏。建于海面的云霄飞车也是这里的一大特色，游客乘坐其上，不仅能感觉到游艺项目的紧张刺激，还能体验到海天合一的特殊感觉。

盖蒂中心

位于圣莫尼卡山脚，由全球一流建筑师理查德·密尔设计。建筑用简洁线条与明快的色调，自然采光，室内室外浑然天成，具有一种和谐美。中心藏有绘画大师凡·高的作品，以及路易十四的服装艺术收藏，同时，这里又是俯瞰洛杉矶的最佳地点。

TIPS

📍 **地址**　位于洛杉矶国际机场以北。

📍 **贴士**　1. 盖蒂中心门票免费，但需提前于网上预订。
　　　　　2. 圣莫尼卡阳光虽然很好，但需提前做好防晒用品，太阳伞需自带。

圣莫尼卡是加利福尼亚最吸引人的海滨城市，正如歌中所唱，"在冬季，懒散的街道是如此的纵容"

拉斯维加斯 LAS VEGAS　　　　009

最美理由 /

　　拉斯维加斯是美国内华达州的最大城市，是世界知名的度假胜地之一，内华达州这个曾经被人讽刺为"罪恶之城"的赌城在数十年间完成了美丽蜕变，逐步走向成熟，已从一个巨型游乐场变成一个有血有肉、活色生香的城市。

最美季节 / 春、夏季

最美看点 / 长街、金殿赌场大酒店

最美搜索 / 内华达州

拉斯维加斯是世界第一大赌场；是纸醉金迷的不夜城，是沙漠奇迹，是天堂也是地狱

　　人人都说："在拉斯维加斯，一切都有可能。"你一定认为不可能在一天里看完全世界，然而在拉斯维加斯可以做到，一天的时间会让你发现全世界。清晨是一天的开始，然而拉斯维加斯却是恰恰相反，每当夜幕降临，这座璀璨的城市，便会迎来它一天中最辉煌的时刻。

拉斯维加斯大道

　　著名的拉斯维加斯大道全长约 6.5 千米，又称 The Strip，是拉斯维加斯最繁荣的街道，也是拉斯维加斯的灵魂与象征。大道两边分布着大批世界级的酒店，娱乐场，度假村。世界排名前 25 名的酒店中，有十几家都在这里。在这里，每家大型酒店都拥有属于自己的主题，比如，埃及金字塔、巴黎埃菲尔铁塔、纽约自由女神像、威尼斯的运河，等等。每家酒店都拥有自己的娱乐场、各种高档餐厅以及购物中心。所有酒店的游客都可以免费进入参观购物，甚至免费观看精彩的大型声光表演秀。每天晚上各酒店的景观灯灿烂华丽，把拉斯维加斯点缀成一座不夜城。

"O" 秀

拉斯维加斯魔幻、刺激、惊奇和绚丽的主题秀表演，已经成为世界舞台娱乐最前沿的代表。其中以"水舞"为主题的 Show 更是太阳马戏团 Cirque du Soleil 的巨作。近百位世界级杂技演员、花样游泳运动员、跳水运动员在 568 万公升的池水内外进行着集游泳、跳水、高低杠、体操、杂技于一体的精彩表演，场面壮观且富有创意。特别有趣的是，"O" 剧的舞台是可以变换的，里面一会儿是水，可做高空跳水或者水中芭蕾；一会儿舞台平面上升，瞬间就变成了一个可以表演的广场。舞台的背景也可以变换，场景一会儿是古代，一会儿是非洲，一会儿是现代都市生活。巨大的道具也能变化，一会儿是船开进了舞台，一会儿是秋千，一会儿竟变成极具魔幻感、凌空舞台上方的"太阳船"，虽票价昂贵，仍一票难求。

蜜月之城

拉斯维加斯是著名的婚礼之城、蜜月之城，是注册结婚同时举行婚礼的著名圣地，无论你来自哪里，在这里都可以轻松地获得一份符合当地法律的结婚证书。手续异常方便简单，只要新郎新娘两个人说"我愿意"就可以。据统计，每年有 12 万对新人在拉斯维加斯注册结婚，其中大部分是前去旅游的游客，而且花样繁多——想体验外星球式的婚礼，就去 Lasvegas Hilton，你的婚礼见证人可能是天

TIPS

📍 **地址** 位于内华达州东南角，是该州最大城市。

📍 **贴士** 拉斯维加斯的自助餐誉享誉全球。长街上的时装秀购物中心汇集了美国最著名的百货公司，商品非常优惠。

"在拉斯维加斯，一切都有可能"你一定认为不可能在一天里看完全世界，然而在五光十色的拉斯维加斯，一天的时间会让你漫游全世界

外来客；如果喜欢浪漫的婚礼，可以去著名的 little white wedding chapel，这个教堂接待了成千上万对夫妇，也是名人喜欢的结婚地点。你还可以让牧师扮成小精灵主持婚礼，也可以乘坐热气球或者直升机结婚，想怎样都可以。

西雅图 SEATTLE 010

最美理由 /
　　西雅图建于 1869 年，是美国太平洋西北沿岸地区最大的城市，有"绿宝石城"、"雨城"之称，依山傍海，雨量充沛，四周众多的河流、森林、湖泊、长长的海湾，使整个城市绿意浓浓、诗情画意，使它拥有"全美最佳居住地"、"最佳生活工作城市"等称号，是全美公认生活质量最高的城市，也是美国传统的会议旅游中心。

最美季节 / 春、夏、秋季
最美看点 / 河滨区、宇宙针、博物馆
最美搜索 / 华盛顿州

电影让我们认识西雅图，无论是美国的《西雅图夜未眠》，还是中国的《北京遇上西雅图》，都为这座城市贴上文艺浪漫的标签

　　西雅图是被山与水环绕的城市。美丽的湖光山色、绿宝石般的岛屿、狭长的海湾不但使西雅图更加灵秀动人，也是各种海上运动的绝佳场所。西雅图还是美国计算机软件、生物工程、飞机制造中心。

派克市场

　　派克农贸市场或称派克市场（Pike Place Market），位于美国西雅图市中心的派克街，是全美国最老的农贸市场。它以贩卖当地产的农作物闻名，被称为"西雅图心脏"。

　　派克市场外表相当平凡，内部却精彩连连，比如享誉全球的西雅图"飞鱼秀"——年轻的鱼贩正抓起一条大肥鱼往后面柜台扔去，站在柜台的另一位小伙子自空中接到鱼后顺手包了起来，这就是一条成交的鱼。另一头的鱼贩则是将鱼一条条地自柜台后往前丢，这是刚上市的鱼，在前方空中接鱼的年轻鱼贩若是心情好的话，还会做出迈可·乔丹跳篮式的拉鱼

全球第一家星巴克

如果你是咖啡爱好者，怎么能够忽略"星巴克"！但是你知道吗，全球第一家"星巴克"便位于派克市场内。当年，咖啡商的初衷只是售卖烘焙好的咖啡豆和咖啡机就近提供给刚上岸想取暖的渔夫，商标"美人鱼"也是为了吸引渔夫们的注意。后由霍华·舒兹（Howard Schultz）收购，改变经营模式，向派克市场的小贩们售卖意大利式浓缩蒸馏咖啡。

第一家星巴克店内不仅悬挂着最初褐色双尾鳍的 LOGO，还可见一尊纪念柱，这也是辨别第一家星巴克的标志，每天都有来自全球各地的游客到这里参观或者购买纪念品。这里还有个规定，手持第一家星巴克店购买的咖啡豆，到世界任何一家星巴克店均可免费制作咖啡。

TIPS

📍 **地址** 位于美国西北部华盛顿州国王郡，距离加美边境约 174 千米。

📍 **贴士** 1. 有快捷电车轨由西雅图中心至第五街单点来回，既容易搭乘又完全避开地面的交通拥挤，而且可以体验到另一种当地交通工具的搭乘乐趣。
2. 西雅图绵长的海岸线使这里的海鲜相当有名，游人在此可以品尝到各种美味的海鲜。

派克市场是西雅图最古老的农贸市场，置身于斯，你会发现这座美国繁华都市乐活生态的另一面

英姿。由于海鲜丰富，派克市场内还开设有各国口味的餐馆，亚洲干货食品专卖，花市等。在市场入口处大大的招牌底下有一头金色等身大的铜猪"Rachel"，在这里已经 30 多年了，是当初募集派克市场整建经费的基金会所留下来的纪念物。

宇宙针

建立于 1962 年，是为庆祝世界博览会而修建的，高 182.9 米，主要设计理念是象征未来西雅图城市建筑的走向，现已成为西雅图地标性建筑。它周围的博览会会址已变为西雅图中心，是许多重要文化艺术活动的场地。搭乘电梯到达距地面 157.9 米高的眺望厅俯览城市全景，可将美丽的湖光山色、鳞次栉比的现代建筑尽收眼底。

博物馆

由著名艺术设计师罗伯特·文丘里设计。设计理念是盖一座充满艺术魅力的建筑来收藏艺术品，并且让这些艺术品突破休馆时间的限制，时刻展现它们的光华。馆前的机械活动雕像——拿铁锤的人，高达 14.6 米。博物馆展示区一共有四层楼，一楼是主入口处；二楼由博物馆定期邀请展出；三楼是美国印第安文化、非洲文化、中国文化和近东文化综合展区；四楼是欧洲、美国展区。各展区内珍贵而丰富的馆藏令人惊叹。

达拉斯 DALLAS　　　　011

最美理由 /
　　高楼林立的购物中心鳞次栉比，广阔无垠的草原被胡桃树与橡树点缀，使人联想到昔日牛仔的英雄事迹……大都市的耀眼火花与传统西部的放荡不羁都在这里繁衍生长，使这座城市充满了生机与梦想。肯尼迪总统遇刺的悬案使这里成为议论的热点，布赖恩小屋诉说着拓荒者的艰辛，这座具有美国南部独特热情的城市无时无刻不在期待着游客的深度探访。

最美季节 / 春、夏季

最美看点 / 肯尼迪总统纪念碑、布赖恩小屋、锡达希尔州立公园

最美搜索 / 得克萨斯州

达拉斯是美国交通枢纽，8条铁路、2条横贯大陆的公路通过城市，达拉斯机杨是世界最繁忙的机场之一

　　达拉斯市交通便利，拥有全美重要的沃思堡航空中心。历史上一直是美国棉花的重要生产地与贸易地。市内摩天大楼鳞次栉比，高档购物中心不胜枚举，是美国南部重要的金融中心之一。西部的大片茂密的草原记录着过往的狂野奔放，展望着无限的未来。

　　波涛汹涌的特里尼蒂河将达拉斯一分为二，河北为高楼遍布的商业街区，以南则是和谐宁静的居住区。达拉斯市注重文化建设，市内共有33所大学和众多美术馆、博物馆、图书馆等相关设施。优良的场地建设为演出歌剧、芭蕾舞、音乐会和交响乐会提供了便利条件，使达拉斯人可以欣赏到诸多高雅艺术演出。著名的达拉斯剧场中心是由著名建筑师富

兰克·劳埃德·赖特所设计的，被称为演剧的圣堂。另外，达拉斯小牛队也是美国篮球联赛中的焦点。

肯尼迪总统纪念碑

纪念碑修建于埃尔姆的一条大道上，白色的"X"形符号极为醒目地告诉人们这里便是肯尼迪遇刺惨案的发生地。旁边的纪念碑用文字记录了当时悲剧发生的过程。肯尼迪总统为人正直，政治观点鲜明，平和友善，在美国人心目中印象极佳，他的遇刺身亡，对美国公众来讲震动巨大，美国上下，一片哗然。肯尼迪总统纪念碑也是游客到达拉斯游览必看的重要景区。

布赖恩小屋

达拉斯最早的建筑物，是由拓荒者约翰·布赖恩于 1841 年沿着特里尼蒂河建造的小木屋。19 世纪的一场水灾毁坏了这座小屋，现时的木屋是参照原本的复制品。虽然只是一座普通的小木屋，在达拉斯人心却有着举足轻重的地位。每年都有数以万计的游客和小木屋合影留念。

锡达希尔州立公园

美国规模最大、参加展商最多的得州展览会，每年 10 月都会在公园举行。另外，园内还有棉花馆、植物园、得州历史博物馆，以及水族馆等，是当地人最爱去的休闲场所之一。园内最为著名的建筑物为名人堂，于 1936 年为纪念得克萨斯州独立 100 周年而兴建。

TIPS

📍 **地址**　位于奥斯汀北面 *321.9* 公里处，约 *3* 小时车程。

📍 **贴士**　*1. 游览时要注意个人安全，不要让墨西哥人帮助拍照。*
　　　　　2. 部分景点停车场下班较早，可免费停车。

达拉斯于 1856 年建市，至今仍然保留着很多创建之初的旧式建筑

盐湖城 SALT LAKE CITY   012

最美理由 /
　　绵延起伏的山脉将这座 282 平方公里的城市紧紧包围，远看犹如"囊中之物"。这里是全世界摩门教膜拜的圣地，精雕细琢的教堂向每位游客诉说着久已远去的历史，一尘不染的街道代表着城内市民的优雅和善，一派宁静淡泊。每当花期来临之时，这里又变得五彩

缤纷、香气四溢。摩门圣殿与会堂就在这如画卷一般的美景中向众人展开。

最美季节 / 4 月初 ~ 5 月底
最美看点 / 摩门圣殿、摩门会堂、黄石国家公园
最美搜索 / 犹他州

自 2002 冬季奥运会举办以来，盐湖城一直在从西部小城镇向中大城市发展，是自 2008 年金融危机以来美国少有的经济繁荣的城市之一

　　盐湖城因紧靠大盐湖而得名，位于千米海拔之上，四周高山环绕。独特的高原气候使这里四季分明。冬天来临，整座城市覆盖在一片白色之下，耀眼的灯光从玻璃中射出，犹如一座高原仙境。19 世纪中叶，摩门教徒传教至此，被其独特的景致而吸引，拓荒修建，才有了今日的盐湖城。

　　盐湖城内有溪流数条，以坦普尔广场为城市中心，修建了众多宗教建筑。其中最著名的摩门教堂、摩门圣殿吸引了无数信徒不

远万里前来膜拜，极具城市特色。街道上盛开的鲜花与挺拔的白杨树为这座城市增添了艳丽的色彩。放慢节奏，租辆自行车穿梭在整个城市，会是一种独特的旅游体验。

摩门圣殿

　　摩门圣殿是盐湖城最负盛名的建筑之一，它始建于 1853 年，其创始人杨百翰带领信徒用了 40 年时间才修建起这座规模宏大、神圣工巧的圣殿。整座建筑由花岗岩砌成，沿用了哥特式典雅古朴的建筑风格，尖顶圆柱，

宏伟壮丽，塔形大门由四根柱子连成，门顶上站立着一只石雕雄鹰。教堂顶上竖立有金童，昭示天下的平等友爱。

摩门会堂

摩门会堂与摩门圣殿相邻，堂内有白松木雕琢成大理石纹的柱子、橡木纹的桌子，是昔日沙漠取材不易却又不愿损及建筑质感的巧妙构思。会堂是世界上最大的圆顶、无柱拱门建筑，可同时容纳8000人集会，并拥有能容纳千人的大舞台，舞台上藏着镇堂之宝——由1万多只管子组成的管风琴，足有4层楼那么高，需要5位管风琴师（三男两女）同时弹奏。设在此处的摩门教合唱团很有名气，每年都举办合唱节。

奥运会神魔公园

奥运会神魔公园是2002年盐湖城奥林匹克的精神标志，是开幕式和闭幕式的举办地。公园立着醒目的奥运会标志和Hoberman拱门，附属设施还有游客中心和剧院，通过影像和资料再现当时盛况。置身于斯，你会发现，17天赛场内外洋溢的激情与欢乐、创造的奇迹与惊喜、升腾的光荣与梦想不但从未远去，反而经过光阴的洗礼历久弥新。

犹他奥林匹克公园

犹他奥林匹克公园是2002年冬季奥运会雪橇和跳台滑雪比赛的现场。你可以在导游的带领下参观公园和运动员的培训课程。公园还有数十千米每小时的雪橇，ziplinE和快速银色高山幻灯片等游乐设施，或者到奥林匹克博物馆进行全方位的体育知识互动，如果周六来访，难度极高的自由式空中和跳台滑雪表演更会让你不虚此行。

TIPS

📍 **地址**　位于大盐湖东南。

📍 **贴士**　1. 避免正午游玩盐湖城，紫外线较强，建议带高度值防晒用品。

　　　　2. 黄石国家公园门票使用期为7天，保留发票即可连续使用。

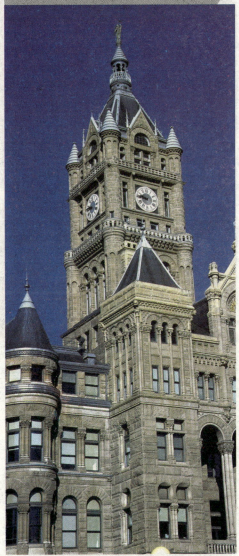

当年摩门教的领袖来到这里，对疲惫不堪的追随者说："这就是我们寻找的地方。"当你游走其中，也会不由发出这样的感叹

休斯敦 HOUSTON   013

最美理由 /
　　休斯敦是一个国际化大都市，每天这里都展示着高新科技的伟大成果。来到休斯敦的游客重点要做的是三件事:逛一天太空城、看一场休斯敦火箭队的篮球。干净整齐的街道两旁是拔地而起的摩天大楼，高端科技产品随处可见，来到这里，你才真正了解到科技的

力量与人类的伟大。
最美季节 / 2 月中旬～5 月底
最美看点 / 林登·约翰逊航天中心、宇宙圆顶体育馆、圣哈辛托古战场
最美搜索 / 得克萨斯州

1962 年美国国家航空航天局 (NASA) 在休斯敦开张，自此，美国绝大部分航天飞机和航天器，都是在休斯敦完成了走向天空的第一步

　　世界闻名的"太空之城"休斯敦是美国得克萨斯州最大的城市，是美国能源与石油化工中心。休斯敦整洁美丽，重视教育与科技创新，文化休闲生活多种多样。

　　休斯敦在美国人的词典中是向未知太空不断探索的代名词，闻名遐迩、规模宏大的林登·约翰逊航天中心便建于此地，美国人亲切地称之为"太空城"。在休斯敦人看来，不去

拜访美国载人飞机的发展过程，不去研究一下人类首次登月带回的月球样品，就失去了人类对太空不断感知与渴望的探寻精神。

林登·约翰逊航天中心

　　航天中心是美国载人航天飞机的研发基地和载人太空飞行基地及操作、控制中枢，也是美国国家航空航天局下属最大的太空研究中心，也是参与国际空间站计划的主要航

天中心之一。该中心于 1961 年启用。航天中心的很多场所对公众开放，被称为"宇航科普的大课堂"。乘坐航天中心的旅游车可到太空舱、航天飞机、太空站等实验室参观。"阿波罗"号飞船也在此展出，每天都有大量游客在此留影。

NASA

休斯敦是美国得克萨斯州的第一大城市，以其规模宏大的美国约翰逊航天中心而闻名。美国的航天火箭，航天飞机所有的控制都是在这里完成的，包括 1969 年登月的控制中心也在这里，所以人类在月球上说的第一个词就是"休斯顿"，以至于现在人们常开玩笑说"Houston, we have a problem"（休斯顿，我们遇到麻烦了）。

休斯顿航天中心成立于 1961 年，其主要功能是训练航天员、研发、设计及制造航天飞行器，包括载人飞船，它由航天员训练中心、研发中心、指挥控制中心以及展览馆四部分组成了一个航天中心。游客只要购买门票就可以进入休斯顿约翰逊航天中心展览馆去探索太空的奥秘，在展览大厅里展示了林林总总与航天有关的物品，正门处悬挂着好几个航天员模型、陈列了不少介绍航天方面的图片，包括历次登上太空的航天员的照片和说明；有宇航服、航天飞行器及航天飞机等实物；还有专供游人体验太空生活的模拟航天飞行器等。在展览馆里还播放了阿波罗登月的录像：1967 年 7 月 21 日，阿姆斯特朗成功地踏上了月球并迈开举世瞩目的第一步，"这是我迈开的一小步，可却是全人类迈开的一大步"的浑厚声音通过无线电波响彻寰宇，并迅速广为流传。

TIPS

○ 地址　位于得克萨斯州东南，距离墨西哥湾 80.45公里。

○ 贴士　*1. 尽量不要在夜晚去行人较少的地段。万一遇到抢劫，要打 911 报警电话。*
2. 时差：美国海岸线由东到西依次早 1 小时，旅游及打电话时需要注意。

NASA 航天之旅，无比巧妙地把神秘莫测的宇宙探索展示在你的面前，你可以边吃着压缩冰激凌和牛肉，边观赏太空实验室里的航天员生活模拟表演

火箭队："中国球迷的主队"

休斯顿火箭队在中国球迷的心中，绝对耳熟能详。自从姚明 2002 年成为火箭队的一员之后，火箭队就成功地将自己打造成了了"中国球迷的主队"。姚明退役之后，火箭队重金与华裔球员林书豪签订合同，第三年的薪酬高达 1480 万美元。2012 年 2 月 17 日，林书豪登上美国《时代周刊》亚洲版封面。封面标题是"Linsanity"，这是美国媒体为林书豪现象新造的词汇，在美国广泛使用。杂志中夸赞林书豪照亮整个 NBA；并且自 1976 年以来，没有任何新秀前七场总得分高于林书豪，包括乔丹和詹姆斯两位"篮球大帝"。

芝加哥 CHICAGO　　　　014

最美理由 /
　　美国著名作家诺曼·梅勒曾写道："芝加哥是美国一座伟大的城市，它也许是美国硕果仅存的伟大城市。"芝加哥市是 1871 年的大火之后重建的，区内摩天大楼之多，仅次于纽约。当今全世界 5 座最高的摩天大楼有 3 座在芝加哥，市中心的西尔斯大厦是美国第一高楼，

高 443 米。芝加哥也被誉为全球十大最富裕城市，芝加哥的天际线更是全球十大天际线之一。
最美季节 / 4 ~ 6 月
最美看点 / 威利斯大厦、林肯公园动物园、密歇根湖、云门
最美搜索 / 伊利诺伊州

芝加哥千禧公园是密歇根湖湖畔重要的文化娱乐中心，也是后现代艺术的集中地，表面材质为高度抛光的不锈钢"云门"雕塑非常引人注目

　　芝加哥是一座热爱生活的城市，很难想象这座美丽的城市是在大火过后的废墟上建立的。高高耸立的摩天大楼见证着这座城市的繁荣昌盛；湖岸边的优美景色证明着芝加哥人对环境的尊重与珍视；古巴比伦制造的空中奇迹建筑在这里延续，大片的公园绿地向游人免费开放；如海一般开阔的密歇根湖上成群的鸟结伴盘旋；高楼林立的中心地带却没有丝毫的拥挤感觉……芝加哥是美国最受欢迎的旅游城市之一。著名的景点有西尔斯大厦、林肯公园动

物园、旧水塔、密歇根大街、海军码头等。芝加哥人注重保护环境，每年动用大笔资金来绿化环境。这里是最具美国特质的城市，它将美国独特的文化气质与现代景观巧妙地融为一体。

威利斯大厦

　　芝加哥的摩天大楼代表性建筑之一。共有 110 层的威利斯大厦每年都接待上百万游客观光。大厦 103 层设有观景台，从这里可以欣赏幽深静谧的密歇根湖。

芝加哥是全美最著名的"绿色之城",拥有数十万平方米的屋顶花园,也是生活品质方面的"未来之城"

林肯公园动物园

全美国历史最悠久的免费公共动物园。共有 1200 只动物在此安家繁殖。具有美国西部特色的巨蜥、加拉帕戈斯大海龟和黑蜘蛛都能在此一见。灵长类的黑猩猩也在此繁衍后代,动物园还为此专门成立了研究中心。公园定期还举办黑猩猩表演,极受欢迎。

密歇根湖

沿湖而建的"风城"芝加哥,可以说是密歇根湖的恩赐,长达 10 千米的人工绿化带使这里空气清新,温度适宜。周末,常有当地居民骑着自行车沿湖自由穿行,轻松惬意。

云门

位于芝加哥千禧公园的巨大雕塑,是芝加哥市的新地标。这款雕塑为一个银色椭圆,重约 110 吨。市民称之为"大豆"。云门的设计者称之为"通往芝加哥的大门,映射出一个诗意的城市"。

全球最惊险的全透明阳台

身处百层大厦,但却感觉自己悬在半空,这种奇妙感受你体验过吗?美国的全透明阳台就能给你这种感受,这个"透明阳台"设在美国芝加哥的威利斯大厦(原名希尔斯大厦)。在大厦西侧,第 103 层瞭望台增设了玻璃阳台,天气晴朗时可以看到美国的 4 个州,可谓世界上最高的阳台,由于玻璃是透明的,游客会感到自己悬在空中,站在这个完全悬空感觉的阳台上,会产生一不小心就会掉下去的感觉,其实它绝对安全,因为阳台从瞭望台向外延伸约 1.2 米,阳台的玻璃地板厚达 12.7 厘米,可承重约 5 吨。你是否想试试,从 412 米高空俯视芝加哥,需要怎样的勇气?

圣路易斯 SANT LOUIS　　　　　015

最美理由 /
　　用风景如画来形容圣路易斯是再贴切不过的词汇，市中心高层建筑和法国式古典建筑交相辉映，美国电影中才能见到的美丽景色，在这里一一呈现在眼前：清幽幽的绿色植被、宽阔大道、黄莺的啼鸣，错落有致的房屋，脸上洋溢着幸福微笑的当地人……一道巨大的拱门每天都在密西西比河边欢迎着八方宾客，百

威啤酒的朝气仿佛瞬间给了你无穷的动力，来到这里，你就会被圣路易斯感染，从心底涌出一种毫无杂念的快乐。
最美季节 / 5 ~ 7 月
最美看点 / 圣路易斯盖特韦拱门、圣路易斯森林公园、百威啤酒总部
最美搜索 / 密苏里州

圣路易斯密西西比河畔巨大的拱门，是美国西部开始的地方，也是曾经无数冒险家的起点

　　圣路易斯位于美国的正中地带，自古便具有重要的战略意义。也是美国密苏里州最大的城市。巨大弧形拱门如同一道绚丽的腰带嵌

入密西西比河的中游。这里曾是法国殖民地，圣路易斯便源自法国国王之名，这里是通往美国广阔西部的必经之路，是充满梦想的移民者

迈向美国西部领土的门户。

由于扼守密西西比河的中部地区，圣路易斯成为重要的水陆交通枢纽站，同时也促进了城市的发展。当地以河为界，分为东西两部分。河西面为市中心，有高大的建筑物及殖民时期遗留的法式古典建筑群。现代与历史的交汇，为该市增添了别具一格的风景。高达192米的不锈钢拱门高高屹立于河畔，是美国极具特色的地标之一。

圣路易斯盖特韦拱门

象征着美国向西开发的门户。"大拱门"是圣路易斯必看的景点之一。它已成为美国的标志性建筑物，192米的高度，使其比华盛顿总统纪念碑还要高出33米。整个建筑物采用不锈钢建筑材料，形状如同一道抛物线，也由于采用了这一建筑材料与超高的高度，每年"大拱门"都会遭到数百次雷电袭击，不过拱门安装了高科技避雷系统，至今没有任何一处受损。

圣路易斯森林公园

位于圣路易斯城西，紧邻这座城市的标志性建筑"大拱门"，森林公园占地5平方千米，是全美第二大森林公园，园内集各种文化、娱乐和体育设施于一身，是圣路易斯的主要游览地之一。公园内包罗万象，包括了科学中心、珠宝盒、杰弗逊纪念馆、历史博物馆、谬尼歌剧院、艺术博物馆、圣路易斯动物园、高尔夫球场、网球场，并提供划船等。

百威啤酒总部

百威啤酒，是全球知名的啤酒厂商。百威总部，也是它的最大生产线，位于圣路易斯的南侧，在55号高速公路的206C出口附近，

TIPS

📍 **地址**　位于美国最长的河流密西西比河中游河畔，密苏里州。

📍 **贴士**　1. 圣路易斯森林公园中的3座博物馆均为免费开放。
2. 百威啤酒总部参观高峰时会排两个多小时的队，建议上午10点以前到达。

200多年前，无数西部探险家史诗般的远征，就从圣路易斯开始，有些队伍再也没有回来，有些队伍成了新土地的主人

总部外围被热烈的红色墙砖包围。公司提供免费的参观团，15分钟一团，每团约50人。参观线路包括啤酒酿造各环节，还可以随意品尝各种啤酒和无酒精饮料。

亚特兰大 ATLANTA   016

最美理由/
　　有着山茱萸城之称的亚特兰大是美国东南部第一大城市。1996年的奥运会使这里成为全球人的焦点之地。百年奥林匹克纪念公园拥有8.5公顷的碧绿空间，人权领袖马丁·路德·金纪念馆每天都接受成千上万游客的来访，CNN新闻中心与可口可乐世界吸引无数人前去探秘……方便的交通运输让你轻松到达目的地，

众多的街心公园使整个城市看起来就像一座大花园，每年春季，这里都会盛开大片的山茱萸花，与鲜艳的杜鹃花交相辉映，争奇斗艳。
最美季节/ 4月初～7月中旬
最美看点/ 石山州立公园、可口可乐世界、马丁·路德·金国家历史纪念地、米切尔故居
最美搜索/ 佐治亚州

亚特兰大早已是一个高楼林立的现代化大都市，但许多影迷还是手捧一本《飘》，在楼群中寻找《乱世佳人》曾经的坎坷足迹

　　亚特兰大位于美国东南部，坐落在海拔350米的阿巴拉契亚山麓的台地上，是美国佐治亚州首府和最大的工商业城市。亚特兰大市是一座美国历史名城，这里曾是美国南北战争时期南方军的战略要地，城市内现仍保留有大量历史遗迹。该市气候温和，拥有诸多公园，著名的奥林匹克公园为这里增加了无限魅力与现代感。

　　亚特兰大的城市建设布局规划有序，桃树广场为市中心区。桃树广场宾馆高73层，为全市最高建筑。广场以南是行政区和会议中心，拥有美国规模最大的会议设施。著名的建筑有州议会厅。格兰特公园是游览胜地，公园内的圆形画廊藏有描绘亚特兰大战役的巨幅油画。亚特兰大还是民权领袖马丁·路德·金和文学名著《飘》的作者米切尔的故乡，

电影《乱世佳人》使这里充满了浪漫的历史色彩。同时，亚特兰大也是一座体育城——美国人最喜爱的棒球、篮球和橄榄球均在这里诞生。

石山州立公园

距离亚特兰大约半小时车程，石山本身是一座天然生成的、巨大的硬质岩石，方圆约8千米。爬上山约需45分钟，亦可乘缆车上山。山上有杰弗逊总统、李将军、杰克逊将军三人石雕，雕刻者是雕刻南达科他州总统山石雕的博格勒姆先生。石山州立公园除此之外，也有游乐场、湖中划船等设施。

可口可乐世界

位于美国亚特兰大市中心的奥林匹克公园旁，是可口可乐总部的所在地，可口可乐世界展示博物馆主要包括可乐的几个展厅、可乐生产车间参观、可乐品尝，以及放映厅。在4D影院，虚拟视觉系统使人身临其境。在最后一个大厅里，有四个大型饮料机，提供超过70种不同国家可口可乐公司的饮料产品让你自由免费饮用，相信一定会让你喝到爽，喝不完还可装罐带走。

马丁·路德·金国家历史纪念地

马丁·路德·金是美国著名的民权领袖，他领导黑人以温和的手段，使政府修改民权法案，最后获得诺贝尔奖，其著名的"我有一个梦想"的演讲，被全球热爱自由与平等的人们熟记。马丁·路德·金活动中心则免费向游人介绍，包括其出生地资料、演讲稿，用来讲道的浸信会教堂及其长眠的坟墓。许多学校都会组织学生来此参观。

夜色中的亚特兰大，每个角落都在折射着独特的色彩和魅力

米切尔故居

米切尔是美国著名小说《飘》的作者，她的故居坐落在市区桃树大街与第十街交会处。每年都有很多国内外游人到米切尔故居参观游览。

新奥尔良 NEW ORLEANS   017

最美理由 /
有"新月城"之称的新奥尔良是美国南方最大的现代化海滨城市，流经于此的密西西比河呈月牙形弯曲，犹如镶嵌在海滨的一弯明月。老城"法国老市区"具有欧洲古城风貌。以杰克逊广场为中心，保留着许多法国、西班牙式早期建筑。居民们在阳台栽种的鲜花一年四季都芬芳艳丽。外来移民文化使这座城市拥有自己独特的气质，多元化的民族融合使这里成为美国最有异国情调的城市

最美季节 / 3 月初 ~ 6 月中旬
最美看点 / 新奥尔良港、杰克逊广场、超级圆顶体育馆、圣路易斯第一号公墓
最美搜索 / 路易斯安那州

谈到新奥尔良，你一定会联想到茂密的种植园，苦难的黑人奴隶，也正是这些奴隶，使这座城市，成为爵士乐的故乡

美国"水城"新奥尔良是一座港口城市，濒临墨西哥湾。作为以前法国、西班牙的殖民地，这里的老城区保留了大量的欧式建筑风格。精致典雅的窗台，简洁明快的大理石圆柱都让游客有一种行走在欧洲街头的恍惚感。而每当多情的密西西比河水位上升之时，载有游客的快艇就会在人们头顶驶过，奇特的景象不可复制。人们称新奥尔良为美国的水城。

新奥尔良市另一大特色便是爵士乐，这座城市处处充满着惊喜。19 世纪，爵士乐以这里极具特色的小乐队的即兴演出开始，最终闻名于整个美国，成为美国音乐的代表曲风。该市种植了大量的南方热带林木和香蕉树，伴随着咖啡店内美妙的爵士音乐，行走在宽敞的

大街上，两侧是古色古香的旧日欧式建筑群，令人流连忘返。

新奥尔良港

建立于 1718 年，地处密西西比河的咽喉地带，是美国重要的河海、海陆联运中心。港内多座大桥跨越密西西比河两岸。著名的庞恰特雷恩湖堤坝长达 39 千米，沟通市区与湖北岸。新奥尔良港有三个港区：密西西比河港区，排洪渠道港区，其他运河、水道和庞恰特雷恩湖、博恩湖港区，以密西西比河港区为主。全港码头线总长约 50 千米，有泊位 150 多个，所有码头几乎都是顺岸式的。

杰克逊广场

位于法国老市区的中心地带，广场以美国第 7 任总统安德鲁·杰克逊将军的名字命名，他的塑像一直屹立在广场的中央。广场边上便是圣路易大教堂，体现出法式建筑独有的高雅与浪漫。广场面积不大，是当地街头艺术家们的聚集处。午后，占卜女巫在这里放置神奇的塔罗牌，游客坐在长椅上小憩，和平鸽信步于广场，空气中夹杂着热狗与海鲜饭的诱人味道……想深度了解新奥尔良法国区的迷人风采，这里是必游之地！

超级圆顶体育馆

建于 1975 年，是新奥尔良市中心的一座巨大圆形建筑。体育场占地总面积为 21 万平方米，高耸外弯，外围是厚实无窗的弧形墙，墙的上端冠以世界上有史以来最大的圆顶，直径达 210 米，覆盖整个体育馆。

TIPS

📍 **地址** 位于路易斯安那州的东南部，密西西比河下游入海处，北临庞恰特雷恩湖。

📍 **贴士** 1. 夏季多暴雨，不建议出行。
2. 法国老市区以法国特色美食闻名，不少餐厅点餐需用法语。

波旁街永远的爵士乐精神

新奥尔良的路易斯阿姆斯特朗国际机场是以史上最伟大的爵士乐大师路易斯·阿姆斯特朗（Louis Armstrong）的名字命名的，他是这个城市的精神偶像。无论是在卡比尔多（Cabildo）博物馆还是其他地方，总能看到爵士乐给这个独特的城市留下的文明遗产。占据六条街口的波旁街（Bourbon Street），是新奥尔良最有特色的一道风景线。这里的夜市通宵达旦，街道两边几乎都是酒吧——有爵士音乐、摇滚霹雳、钢琴伴奏等。沿街霓虹闪烁，酒吧里面烛光幽幽，人影绰绰，门口还间隔地站立着铁铸般神态各异的人像。这里流淌着路易斯·阿姆斯特朗、查里·帕克、斯坦·盖茨经典的旋律，当然也包括乐手灵感激发时的即兴发挥和创作。新奥尔良的第一家爵士乐团如今还在，每晚 8 点到 12 点在街东一幢老木屋里表演，乐手里面有位 85 岁的老先生，精神矍烁地吹奏着萨克斯。

奥兰多 ORLANDO　　　　　　　　　　018

最美理由 /
　　这里是美国最著名的小城，拥有全世界最大的迪斯尼世界，拥有发射美国航天飞机的肯尼迪航天中心，拥有美国境内最大的"海洋世界"……来到这里，游客才能体会到目不暇接的含义。迷人的街头风景，造型奇特的卡通人物，夸张高调的巨型建筑都让你深深陶醉在奥兰多的迷人风情之中。来到这里，你一定会被它的多彩、奔放、新奇与动感征服，深深爱上这座美丽的小城。

最美季节 / 10月~次年2月

最美看点 / 沃尔特迪斯尼世界、卡纳维拉尔角肯尼迪航天中心

最美搜索 / 佛罗里达州

奥兰多是全球最具盛名的休闲旅游城市，也是一座汇集世界最炫目最旖旎最灿烂色彩的城市

　　来到奥兰多，就一定要去迪斯尼世界，虽然开放时间比洛杉矶晚，但却是全球最大的主题乐园。趣味无限的迪斯尼乐园每年为奥兰多吸引了上千万游客，为这里创造了巨额的经济收入。当地政府也在这一基础之上投资大量资金发展旅游、交通，挖掘迪斯尼乐园的巨大"金矿"。

沃尔特迪斯尼世界

　　开业于1971年的沃尔特迪斯尼世界位于奥兰多西南约20千米，主要有四大迪斯尼主题公园：魔幻王国、动物王国、米高梅影城和埃普科特乐园；2个水上主题乐园：暴风雪海滩、飓风湖；1个供游客休闲、购物、观赏电影的区域：迪斯尼商业区以及迪斯尼各具特色

奥兰多迪斯尼乐园是全球最大的迪斯尼乐园，面积相当于一个中等城市，战争和冒险、童话和传奇，使这里名为一座名副其实的幻想之城

的 34 家酒店和其他娱乐场所。这座多元化的游乐场所，不光被孩子们所追捧，也是成年人找回童梦的天堂。

卡纳维拉尔角肯尼迪航天中心

是美国航天飞机发射升空的基地之一，每当航天飞机发射升空前夕，必有数十万游客拥入此地，在发射基地附近露营，等待目睹发射的盛况。美国国家航空航天局在这里设有游客中心，还有介绍太空飞行历史资料的空军太空博物馆。在参观节目中，游客可以看到登陆月球车、各种太空船及火箭展览场、火箭装配场、火箭发射台、航天飞机发射台、太空指挥所和火箭升空模拟室等，面对这些人类迈向太空的伟大创造物，几乎每个人都抑制不住内心的激动。

进入哈利·波特的魔法世界

风靡全球的哈利·波特是全世界大小孩子们心中的偶像，看过《哈利·波特》小说和电影的人一定会对剧中神秘的魔法世界无比向往，而全球首个哈利·波特主题游乐园实现了大家的梦想。乐园位于奥兰多环球影城内，有精心打造的霍格华兹魔法学校、吞吐着白色蒸汽的霍格华兹列车，以及诸多哈利·波特小说和电影场景。在这里，最引人注目的当数"禁忌之旅"（ForbiddenJourney）。游客坐上魔法座椅，即可透过各种特效，经历哈利·波特的种种险境，最令游客大呼过瘾的是飘到脸前的伏地魔，跟着哈利·波特一起飞，忽快、忽慢、急转弯、急停，那种刺激令人乐趣无穷。

走进了哈利·波特主题公园，你就走进 K. 罗琳 营造的神奇魔法世界

迈阿密 MIAMI   019

最美理由 /
　　迈阿密地处美国东南，东望大西洋，南探古巴湾，无数个岛屿，像珍珠项链一样，点缀出妖娆旖旎的风光。西班牙与古巴移民给这里带来了热情的拉丁音乐与好客精神，比斯坎岛上的海洋馆每天上演的杀人鲸表演更是令游客咋舌，迈阿密港的秀美景色让人流连忘返，

佛罗里达大沼泽地国家公园更是不能错过，这座国际化的热带天堂城市充满了大自然与现代科技的无穷魅力。
最美季节 / 3～6月，9～11月
最美看点 / 迈阿密海洋馆、比尔巴格斯角州立公园、大沼泽地国家公园
最美搜索 / 佛罗里达州

　　迈阿密位于美国佛罗里达州东南角比斯坎湾、佛罗里达大沼泽地和大西洋之间，是该州仅次于杰克逊维尔的第二大城市。迈阿密是一座国际化大都市，金融、娱乐、艺术在美国都占有重要地位。这里靠近拉丁美洲，文化习俗相互促进融合，处处洋溢着地中海文化气息，拥有各式各样西班牙和意大利风格的建筑。

　　旅游业为迈阿密带来了巨大的经济利益，迈阿密海滩每年吸引数以万计的游客，雅兹卡亚艺术馆宏伟的别墅式建筑也有大批的观光者前往，小哈瓦那、小海地的异域风情魅力不可抵挡。迈阿密注重教育与人文环境，建有迈阿密大学等6所高等院校和博物馆、图书馆等。

迈阿密海洋馆

　　海洋馆建于1995年，馆内有重达5吨的杀人鲸表演与海豚表演。美国很多电视剧都在此地取景拍摄。海洋馆占地14200平方米，全年开放，公园内还有鲨鱼馆、海牛馆、热带水族馆及海狮表演。

比尔巴格斯角州立公园

　　占地1.6平方千米，园内的灯塔与小屋，是佛罗里达州的重要历史建筑遗留物。灯塔位于公园最南端，高85米，在其160多年的历史中，向无数往来船只示警，避免触礁。灯塔旁还建有一座小木屋，用来纪念灯塔的看护人。

迈阿密南海滩和装饰艺术区

　　迈阿密拥有太多的传奇：加勒比海的妖娆旖旎、热辣的沙滩女郎、腆着大肚子抽雪茄的富豪、足以满足你关于美国南部的所有想象。装饰艺术区（Art Deco District）位于迈阿密南海滩中心，漫步于斯，你可以到13th St. 的 US Post Office 欣赏半球形的屋顶和大理石书桌，或者，再向前走一会儿，观赏11th St.Diner 洋溢着浓浓装饰派艺术风格、闪着银光的铝皮车厢。继续沿着 Ocean Dr 行进，向右转能看到 Colony Hotel 和它著名的霓虹灯牌匾，然后往回走，在距离9th St. 街半个街区处能看到建于1935年的 Edison Hotel，它出自装饰派艺术的杰出代表 Henry Hohauser 之手……这里栋栋风格各异，或粉红，或淡紫，或青绿的各色粉彩建筑，是世界上最大的装饰艺术建筑群。

TIPS

📍 **地址** 位于佛罗里达州东南角比斯坎湾、佛罗里达
大沼泽地和大西洋之间。

📍 **贴士** 1. 当地气温较高，外出需注意防晒。
2. 8 月份多飓风，不建议外出。

迈阿密，一座风云诡谲的城市，骄阳过后可能就是一派阴霾，整座迈城都被笼罩在阴沉中，如同电影《迈阿密风云》中的深沉和神秘

基韦斯特 KEY WEST 020

最美理由 /
　　用海天相连来形容基韦斯特是最贴切不过的了。美国 1 号公路将海面与陆地紧密相连，驾车行驶其上，欣赏海水潮起潮落，看两边的三层欧式别墅，观两岸棕榈树叶随海风翩翩起舞，如果兴致好还可以登上小船，扬帆海平面去看日出日落。岛上美国前总统杜鲁门的

度假行宫与海明威故居也为这里增添了许多文化氛围，难怪美国人视这里为最南端的度假休闲胜地。

最美季节 / 5 ~ 10 月

最美看点 / 七里长桥、海明威故居、"最南点"标志

最美搜索 / 佛罗里达州

基韦斯特是美国本土最南端的城市，是多条豪华游轮航线的出发点

　　美国 1 号公路的最南端终点，便是这座水天一色之城的坐标点。基韦斯特是美国本土最南端的城市，一座座小岛如同珍珠般被七里长桥串接起来。驱车直行，海浪拍打着公路，海风从车窗中钻入，仿佛在海中行走一般。这里是美国最浪漫的度假地之一，众多的豪华游轮都停泊在港口，等待主人的现身。美国总统杜鲁门也选择在这里修建度假行宫。

海明威更是带着无数的猫咪入住基韦斯特，在这里感受海浪此起彼伏的声音。

　　基韦斯特与古巴的哈瓦那隔海相望，两地文化相互融合吸引，当地融入了古巴很多风俗人情，街头餐馆的古巴美食深受各地游客喜爱，充满异国情调的街头装饰物与热情的南美情歌让人驻足，小贩的特色纪念品也极受追捧。

七里长桥

基韦斯特市最著名的建筑便是七里长桥。每一座桥都将基韦斯特散布在海中的小岛巧妙地连接在一起。在七里长桥驾车前行，窗外浪花飞溅，水天一色，如同向海中央进发一般。1982年，当地政府对长桥中的37座进行了重建，同时将旧建筑物予以保留。现在旧桥成了垂钓者和海鸥的栖息之地，在新桥上驾车飞驰，看着旁边旧旧的桥，别有一番感叹。每当夕阳西下，大批游客都集中于此，观赏"长河落日圆"的美景。

海明威故居

建于1851年，坐落于小城的白头街。海明威是美国最著名的作家之一，他的许多作品（例如《乞力马扎罗的雪》），都完成于基韦斯特。当地人无不自豪地说，基韦斯特灯塔的指明灯不仅帮助了海上行进的船只，也让这位人类文学巨匠找到了心灵的归属。来到海明威在基韦斯特的故居，你还会发现这位作家另外一个奇怪的嗜好——养猫。据说海明威曾在这里饲养了大约50只猫，尽管他在1940年离开了这里，但这个传统保留了下来，现在仍有数十只猫生活在这里。

美国"最南点"标志

位于杜瓦尔大街，属于基韦斯特的最南端。该标志形似陀螺，外围为彩绘，被当地人称为"最南点"。此地距海对岸的古巴只有144公里。又称之为"海螺共和国"，当地居民常有美国与古巴的双重国籍。"最南点"的巨大陀螺标志已经成为基韦斯特的地标性建筑，每年都有大批游客来此放松、度假。

特色海鲜

基韦斯特岛上的用餐体验和日落一样诱人。美食选择丰富多样，大多数餐厅都主打上乘的当地海鲜，如当地鱼类和石蟹钳。如果在夏季光临此地，千万不可错过佛罗里达大龙虾。海螺是另一道小岛的标志性菜肴，这与小岛深刻的巴拿马渊源是分不开的。最后别忘了点一份当地特色甜点——佛岛酸橙派（Key Lime Pie），为丰盛的晚餐画上完美的句号。

基韦斯特的作家人均量居全美城市首位，远离都市喧嚣的地理位置和独特悠闲的环境氛围，成为文学家自我放逐的"伊甸园"

密尔沃基 MILWAUKEE　021

最美理由 /

　　美国有一句谚语——"年轻时有辆哈雷·戴维森，年老时有辆凯迪拉克，则此生了无他愿。"威斯康星州最大的城市密尔沃基如同德国小城在美国空投的一角，与美国的粗狂和繁华完全扯不上关系，然而，哈雷博物馆和哈雷总部就设在这里，面对城市湖光山色的如画美景，你也许根本无法想象，这里，究竟为什么和咆哮的机车画上等号？

最美季节 / 5 ~ 10 月

最美看点 / 哈雷博物馆、米勒啤酒厂、密尔沃基艺术馆

最美搜索 / 威斯康星洲

密尔沃基位于密歇根湖西岸，阳光下的城市如同一颗璀璨的明珠，被誉为"湖边美丽的地方"

　　密尔沃基（Milwaukee）市建立于 1846 年，位于威斯康星州西南部，是威斯康星州最大的城市，也是美国最具德国韵味的城市，更因为体育馆众多，被赋予"德国的雅典"的美誉。密尔沃基市中心没有高耸入云的高楼大厦，却拥有傲视群雄的临湖风景。每年的 6 月底 7 月初，在密歇根湖畔为期 10 天的"夏季狂欢节"是整个城市最热闹的时候，湖边的公园里摇滚乐、爵士乐或曲调悠扬，或震耳欲聋，到处人山人海、要多热闹有多热闹！

哈雷博物馆

　　密尔沃基是哈雷机车的诞生地。你了解的哈雷摩托可能只是街上跑着的形形色色的车款和洪亮的排气声量，而这只是哈雷的一部分。110 年前，谁也不会想到，一个以制作啤酒瓶而出名的地方因为几个年轻人而被彻底改变：21 岁的威廉·哈雷与 20 岁的阿瑟·戴维森，在密尔沃基的一间小木屋里组装了一台带有两个轮子的机器，并用两个人的名字来命名，这就是第一台哈雷·戴维森摩托车。一个多世纪

密尔沃基是哈雷摩托总部所在地，也是全球哈雷精神的象征

过去了，哈雷摩托车已经遍布整个世界，并且演变为一种崇尚自由与相互团结的文化现象。哈雷45度V型气冷双发动机独特的轰鸣成了美国公路勇士的标识，也回响在博物馆里。热爱哈雷的人们，此生，将永远在路上。

米勒啤酒厂

　　众所周知，啤酒是德国人的最爱，密尔沃基作为德国移民云集的城市，虽然啤酒产业不如以前辉煌，但仍然拥有"啤酒之都"的美誉。每年3月的啤酒节上依然人流如潮，市中心的啤酒博物馆则常年向游客展示啤酒产业在密尔沃基的兴衰史。除了米勒啤酒厂之外，密尔沃基还有成百上千的家庭啤酒作坊，常年生产土制的生啤酒，供应当地的饭馆和酒吧。

密尔沃基市艺术馆

　　密尔沃基市艺术馆的设计者，西班牙建筑师卡拉特拉瓦是世界上最著名的创新建筑师之一，被称为"建筑师中的诗人"。密尔沃基市艺术馆同样体现了卡拉特拉瓦天马行空的想象力。门厅以内的室内空间，是通身纯白的格局。由于混凝土的拱远远伸出的远端正好为展廊托出了檐口，因此展廊里能照得到的，基本上只是室外地面反射回来的漫射光，既能保证足够的自然采光，又避免了阳光直射对艺术藏品的破坏——卡拉特拉瓦以最简单、最朴实的结构功能，造就了极其雅致而壮丽的美。

密尔沃基艺术馆有"会飞建筑"的美誉，处处可见诗意般的结构体系和运动感的整体效果

圣迭戈 SANDIEAGO   022

最美理由 /
　　美国境内最具中美洲风情的城市，它，在扮演一座北美活力大都市的同时，又兼具一个南美小城镇的慵懒气息。

最美季节 / 5～10 月
最美看点 / 老城的西班牙风情、海军基地、布莱克海滩
最美搜索 / 加利福尼亚

圣迭戈色彩绚烂的街道和建筑，洋溢着旖旎多姿的加勒比海热带风情

圣迭戈（又译圣地亚哥）是美国加利福尼亚州的一个太平洋沿岸城市，作为西班牙在加州的第一个殖民地区，这里的老城依旧保留着 19 世纪的古朴建筑和宁静。由于南距墨西哥边境仅有 20 千米，如果开车，仅仅一天的时间里便可以看到风格迥异的海滩、森林和沙漠。你的心情会豁然开朗，沉醉在迷人风景织就的温柔陷阱里，想要摆脱，却愈陷愈深。

圣迭戈老城

圣迭戈成为美国人在加州的第一片领土。如果你想了解加州发祥地的旧日情怀，老城区非常值得一游。当你置身于斯，仿佛时光倒流回到百多年前，围绕在你身边的，是原汁原味的西班牙与墨西哥风情，法院、政府办公大楼、消防局、酒店、商店等，甚至不少珍贵历史文物，邮件送递的方式，都是西班牙人在 1769 年定

居圣地亚哥时的写照，有趣的是区内还不时可看到穿起古装服饰的人在穿梭，并为游人讲解，让你产生"穿越"的朦胧感。

圣迭戈海军基地和胜利之吻雕塑

圣迭戈最引人注目的军事景点是在距离圣迭戈邮轮码头不远的中途岛号航空母舰。这艘在第二次世界大战时下水的当年最大型航空母舰，退役后安家圣迭戈，成为一所海上军事博物馆。码头旁还有一座重现第二次世界大战结束后纽约时代广场上的"胜利日之吻"雕塑。

1945年8月15日，当日本宣布投降的消息传到纽约，时代广场上一名美国水兵情不自禁拥吻身旁一位素不相识的女护士，这一瞬间被《生活》杂志记者阿尔弗雷德·伊森斯塔特定格，成为一个标志性的形象。这一"世纪之吻"就是那张经典的纽约时代广场的"胜利日之吻"照片的雕像版。

圣迭戈布莱克海滩

圣迭戈阳光明媚，四季如春，最令人难忘的是蜿蜒曲折的海岸线。全球最著名的个性海滩之一布莱克海滩，距离加州海岸南端的洛杉矶近2小时车程，在拉荷亚小城的最北端，有一个3千米左右，面向大海，背靠陡峭的近百米高悬崖的沙质狭长地带。与其他海滩不同，布莱克海滩的颜色，不是常见的金黄色，而是黑色，故名黑海滩。落日时刻，辉煌的太阳一点点跳入大海，五彩天空下，海水和沙滩的颜色，随着太阳颜色的变幻，绚丽多彩，美不胜收。

随处可见的西班牙老屋，使这里在成为一座充满活力大都市的同时，又兼具一个小城镇的慵懒气息

圣胡安 SAN JUAN

023

最美理由 /
世界文化遗产。欧洲在美国建立的最早城市，拥有西半球历史最悠久的行政官邸，其历史可以追溯到16世纪。作为中美洲的战略要冲，置身于斯，你，仿佛会来到新大陆刚刚开拓，美国尚未独立的时光。

最美季节 / 5～10月
最美看点 / 海上堡垒莫罗堡、如《少年派的奇幻漂流》般绚烂的荧光海
最美搜索 / 波多黎各

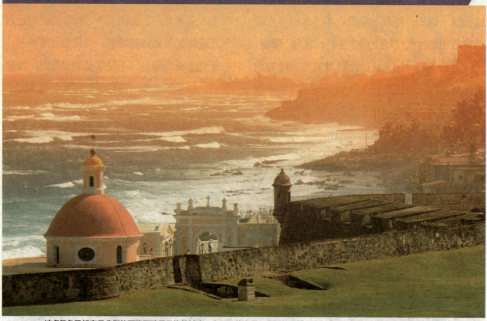

波多黎各圣胡安是典型的西班牙殖民风格的城市，夕阳下的海岸、老城狭长的街道和南欧地中海风格的居民区最适合情侣牵手发呆

　　圣胡安，西班牙语意为"富裕之港"，是美国自治领地波多黎各的首府和最大城市，分新城老城两部分，老城面积120千米，现是圣胡安的一个行政区，狭长的街道和南欧风格的居民区，最适合情侣牵手发呆。城内有许多古老建筑，现为圣胡安总统府的拉福尔塔莱萨宫为最大，它是西半球历史最悠久的行政官邸。而最古老的建筑是1523年胡安·庞塞·德莱昂建造的白色大厦，现在是波多黎各历史博物馆。圣胡安城始建于公元15世纪。1493年11月19日，在哥伦布第二次远航时，发现了波多黎各岛，取名为圣胡安巴蒂斯塔。哥伦布急于前往大安地列斯群岛"充满财富"的大岛，只在波多黎各做了非常短暂的停留便继续起航，但圣胡安却从此进入人们的视野。

　　15世纪至19世纪期间，西班牙殖民者在

加勒比海的战略要地上建起了一系列防御工事，用于保护波多黎各圣胡安城和圣胡安海湾。这些防御工事主要包括埃尔莫罗古堡，圣费利佩—德莫罗、圣·克里斯托瓦尔、圣胡安—德拉克鲁斯三座堡垒以及大片城墙。这些建筑完美地展示了欧洲军事建筑与美洲大陆港口实际情况相结合后产生的和谐效果。波多黎各的古堡与圣胡安历史遗址 1983 年被联合教科文组织列入《世界遗产名录》。

埃尔莫罗堡

埃尔莫罗堡原意是陡岬，它的确是建在城市西北端的陡岬上，坐落于圣胡安湾，面对大西洋。1539 年，西班牙国王下令在圣胡安岛最西端建造要塞——埃尔莫罗堡 (El Morro)。1634 年，在圣胡安岛东端又开始建造圣·克里斯托佛要塞 (Castillo de San Cristobal)。高大的防御城墙由埃尔莫罗堡开始沿南北两侧海岸环绕全岛，最后与圣·克里斯托佛要塞的防御体系相连接，构成了一个完整的海陆防御体系，使圣胡安成为一座固若金汤的海上堡垒。迄今为止，它是美国本土和属地中唯一仍由古城墙环绕的城市。修复一新的殖民时代建筑有着色彩耀眼的外墙，展示着加勒比特有的传统韵味。

荧光海

你是否对好莱坞华裔导演李安名作《少年派的奇幻漂流》中的荧光海记忆犹新？据统计，全世界，荧光海仅仅只有 5 处，3 处在波多黎各，以波多黎各别克岛斯的荧光海最大负盛名。要去荧光海，需要划着皮划艇到海湾的另一头，再穿过一条黑暗狭窄的水道。水道

全球最大朗姆酒厂 Bacardi

从世界名著《金银岛》开始，在寻宝故事中频频露面的朗姆酒，似乎成了美洲冒险饮品的代名词。朗姆酒，是以甘蔗糖蜜为原料生产的一种蒸馏酒，原产地在古巴，口感甜润、芬芳馥郁。若你来到波多黎各，一定要去世界上最大朗姆酒厂 Bacardi 参观，据说该厂有 100 多年历史，酒厂免费供游人参观，为游客讲解酒的知识、品牌与历史，在酒厂里的百佳利博物馆里，还可以了解朗姆酒的制作过程，并且免费享用精心调制的朗姆鸡尾酒，椰子味的 Bacardi Coco 加菠萝汁非常爽口。

圣胡安老城是世界文化遗产城市，色彩艳丽的房屋，充满了浓浓的南欧风韵

的尽头是一片平静辽阔的水域，那就是大名鼎鼎的荧光海。将手伸进水中，你会惊奇地发现：手变得像霓虹灯一样，荧光闪闪，随着手在海水中划动，大团大团的荧光颗粒像从手上纷纷扬扬地抖落下来，划出光亮的仙女魔杖。如果将船桨伸到水中更深的地方，会发现船桨也是亮晶晶的，凡是进到水里的物品好像都涂上了荧光粉，闪闪发光。

火奴鲁鲁 HONOLULU   024

最美理由 /
　　檀香山又名火奴鲁鲁，夏威夷州的首府，它不仅仅是"太平洋的十字路口"，还在中国近代史上扮演重要的角色。孙中山先生于1894年便曾在那里组织了兴中会。当然，如今檀香山已是中国游客最喜爱的美国度假城市之一。据说在夏威夷语里并没有"浪漫"这个词，然而，浪漫这种风情却早已融进了火奴鲁鲁的每一个角落。

最美季节 / 全年
最美看点 / 威基基海滩、约拉尼宫、钻石山
最美搜索 / 夏威夷

热情的夏威夷美女，经常会把一串串缤纷花环送给游客，同时高喊着具有"你好"、"再见"、"我爱你"等多重含义的"阿罗哈"

　　马克·吐温说过："世界上没有任何一个地方像夏威夷那样使我迷恋，终生难忘。二十年来，或梦或醒，夏威夷总让我魂牵梦绕。"被华人称为檀香山的夏威夷州最大的城市暨首府的火奴鲁鲁（Honolulu），位于夏威夷群岛中面积第三大的岛屿瓦胡岛上，不仅以其得天独厚的地理位置成为沟通太平洋两岸的桥梁，更以其蜿蜒的海岸、崎岖的山路，数不胜数的度假村赢得无数游客的喜爱。

威基基海滩

　　火奴鲁鲁拥着诸多美丽的沙滩，其中最具代表性的海滩当数威基基海滩（waikiki beach），这处在猫王的歌曲中被传颂，在杰克·伦敦的小说里被铭记的海滩，俨然成为了夏威夷黄金海岸线上最著名的象征。威基基（Waikiki）在夏威夷语中的意思是"喷涌之泉"（spouting water），在英国探险家库克船长于1778年发现夏威夷之前，威基基不仅是夏威夷王族的御用嬉水领地，也是夏威夷人从事农耕作物的中心。海滩的精华部分是从丽晶饭店到亚斯顿威基基海滨饭店之间，其日游客流量高达25000人，这里不仅仅是休闲胜地，还是全球冲浪迷"一生至少来一次"的冲浪胜地。据说，让夏威夷男人把生命中

约拉尼王宫是夏威夷王国最后两个君主的官邸，也是美国唯一的王宫，现已成为展示夏威夷历史文化的博物馆

夏威夷烤乳猪

夏威夷鲁奥 (Hawaii Luau) 是波利尼西亚的传统美食，翻译成中文即烤乳猪，但和中国广东的烤乳猪做法大相径庭。设宴时，餐厅或主人会在地上挖出一个巨大的土坑，再在土坑的周围围上一圈的石头，开始时，先用火把石头烤热，再将这些石头放进小猪肚子里，用夏威夷特有的芭蕉把一只重约 5000 克的小猪包起来，放在挖好的大坑里，盖上土，焖烤十几个小时，才能尽享美味。烤熟的乳猪油光铮亮，肉香四溢。在一些餐厅，乳猪宴上还会进行波利尼西亚传统手工艺及民俗歌舞表演，场面相当热烈。

最重要的事物排序，它们依次就是冲浪、美女、事业和阳光。

约拉尼宫

夏威夷王国时代的约拉尼宫，也是美国唯一的王宫，位于檀香山市，是由夏威夷王国国王卡拉卡瓦所建造的欧洲风格式皇宫，现为夏威夷州众议院和参议院所在地，并对外开放。夏威夷语"约拉尼"意为"诸神之上"。王宫建于 1882 年，夏威夷王朝的最后两个国王卡拉卡瓦国王和丽丽乌库拉妮女王曾经生活在这里。游客们可以在陈设豪华的国王觐见室细细打量到雕花描金的御座，用羽毛装饰的夏威夷王权杖，以及工艺精湛的镀金家具以及卡拉考阿国王从欧洲买回的晶灯等艺术珍品，继而，领略到夏威夷皇朝的庄严荣耀。

钻石山

钻石山州立纪念碑的标志性轮廓与檀香山的天际线相连，正好映衬在威基基海滩之上。这座 232 米高的火山口，是夏威夷最著名的地标之一。钻石山在夏威夷语中为"Leahi"（即

金枪鱼眉头之意），之后被 19 世纪的英国水手命名为"钻石山"，他们原以为在这座火山口的山坡上发现了钻石——然而，这些"钻石"实际上是分文不值的闪亮方解石晶体。

这个火山口形成于 10 多万年以前，在 20 世纪初被作为战略军事瞭望站，于 1968 年被命名为美国国家自然地标。今天，钻石山是深受欢迎的徒步目的地，在这里俯瞰威基基和瓦胡岛南海岸的全景，仿若在时光隧道中纵情穿梭，一边是过去，一边是现在。

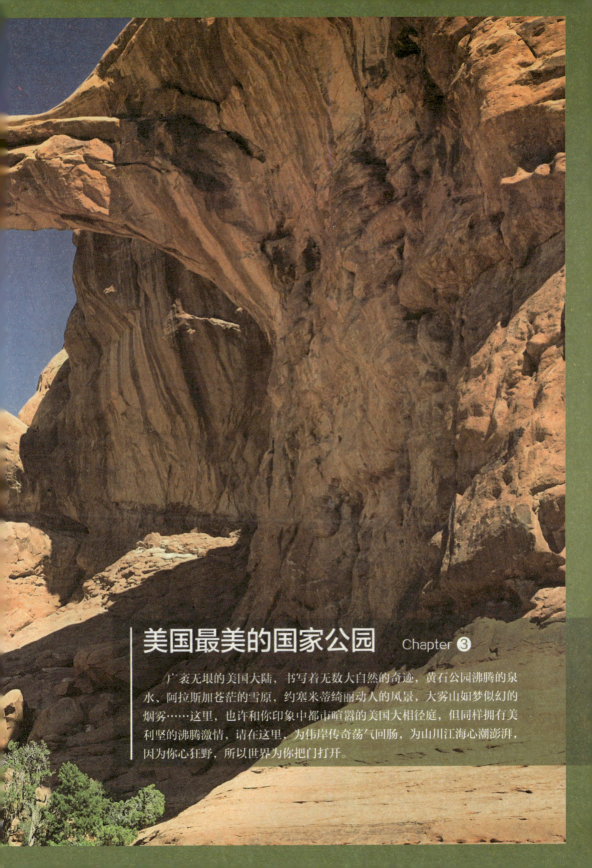

美国最美的国家公园

Chapter ❸

　　广袤无垠的美国大陆，书写着无数大自然的奇迹，黄石公园沸腾的泉水、阿拉斯加苍茫的雪原、约塞米蒂绮丽动人的风景，大雾山如梦似幻的烟雾……这里，也许和你印象中都市喧嚣的美国大相径庭，但同样拥有美利坚的沸腾激情，请在这里，为伟岸传奇荡气回肠，为山川江海心潮澎湃，因为你心狂野，所以世界为你把门打开。

黄石国家公园 YELLOW STONE NATIONAL PARK **025**

最美理由 /

　　占地约 7988 平方千米的黄石国家公园最显著的特征是地质方面的地热现象，这里拥有比世界上任何地方都多的间歇泉、温泉、黄石河大峡谷、化石森林和黄石湖。其中，仅间歇泉、温泉就有 3000 多眼。同时，

黄石国家公园还是美国最大的野生动物庇护所和著名的野生动物园。

最美季节 / 5 ~ 9 月

最美看点 / 老忠实泉、黄石峡谷、黄石湖

最美搜索 / 怀俄明州

进入美国落基山内的黄石公园之后，文明的概念变得极度模糊，每个人都会同那些原住民那样，为这片喷着蒸汽和硫黄的热土惊愕不已

　　黄石国家公园是世界上第一个国家公园，是一处因地质灾害而成的自然景区，黄石的中心地带就是 100 万年以前火山爆发时期而形成

的一个盆地，现在仍是世界上地震最活跃的区域之一。这个地区是美国最大的野生动物保护区，有 300 多种野生动物（包括 60 多种哺乳

动物）、18 种鱼和 225 种鸟。灰熊、美洲狮、灰狼、金鹰、麋鹿、白尾鹿、美洲大角鹿、野牛、羚羊等 2000 多种动物在这里繁衍生息。穿过美洲大陆的分水岭，可以抵达公园北部的温泉地区，石化的树林，炭化的岩石以及无名的小溪流蜿蜒穿过森林，所有的一切都会让你觉得宛如仙境。

老忠实泉

老忠实泉因喷发规律而得名，目前每 93 分钟喷一次，非常准确。据介绍，50 年前，这个喷泉是 1 小时喷一次，后来在一次地震后，周期变得长了些。规律喷发的原因是老忠实泉下有火山在活动，泉的地下通道接近热源，通道下的水受热上升，但由于通道狭窄不畅，上面热水被堵塞，而下面的热水被汽化为水蒸气，且蒸汽压强越来越大，到一定时候就把上面堵住的水柱冲出地面，形成喷泉。如此重复，时间相当准确。

黄石峡谷

峡谷长 40 千米，深 400 米，宽 500 米，如科罗拉多大峡谷一样是北美最著名的峡谷之一。峡谷两边的岩石橙黄中杂以红、绿、紫、白等多种颜色，五彩缤纷。黑曜岩构成的悬崖如镜面般镶嵌在半空中，被阳光照耀时，熠熠闪烁。峡谷中还可见石化森林的景观。

黄石湖

黄石湖是美国最大的高山湖泊，海拔3000 米，长 32 千米，宽 21.5 千米，湖岸周长180 千米。湖水平均深 24 米，最深处达百米。此湖为喇叭鹄和加拿大鹅等稀有水鸟的栖息地，最适合垂钓鳟鱼。

TIPS

◎ **地址** 位于美国西部北落基山和中落基山之间的熔岩高原上，绝大部分在怀俄明州的西北部。

◎ **贴士** 要想切实了解黄石的真面目，就要摒弃舒服的小轿车或旅游大巴，到原始森林和荒郊野岭中亲自走上一小段。

黄石公园最让人神往的，是那些深不可测，色彩极度鲜艳的热泉泉眼，每年有 250 ～ 300 眼间歇泉会喷发，创造着大自然的伟岸奇迹

布赖斯峡谷国家公园 BRYCE CANYON NATIONAL PARK　**026**

最美理由 /
　　在世界上任何其他地方，都难以见到数量如此之多的色彩艳丽的奇形岩柱。这些独特的岩柱散布在整个公园区域内，它们有着剑鱼般锋锐的背脊，隐士般孤独的塔尖，交杂丛生在一起。远观布赖斯峡谷国家公园，就好像一座巨大的自然露天剧场。红色、橙色与白色的岩石形成了奇特的自然景观，被誉为天然石俑的殿堂。今天，奇特的地貌使得布赖斯峡谷国家公园成为全球观光客和探险家的理想目的地。

最美季节 / 10 月～次年 2 月
最美看点 / 窗墙、岩穴、佑维帕点
最美搜索 / 犹他州

布赖斯峡谷散布着数量众多的独特岩石

布赖斯峡谷国家公园内到处都是水与冰侵蚀及河床沉积岩借助自然外力形成的一座座风格独特的岩柱，远观如同一座巨大的地下古罗马斗兽场般雄伟壮观。人类的想象叠加在一起，可能都无法形成一座布赖斯公园。粉色、红色、褐色的巨大岩洞随着日出变化不断，令人惊叹世间的神奇之作。

布赖斯峡谷国家公园中的神来之笔要数早已成为无数明信片主角的彩虹点。这座高达2775米的巨大石塔位于整个公园的尽头，阳光在这里折射出第一缕奇妙的色彩，随着高度的变化而呈现出绚丽缤纷的色彩。

窗墙

你在走入峡谷时抬头仰望即可看到的一个个被风蚀化严重的大洞，从这里可以看到美丽的蓝天，这就是窗墙。窗墙是公园中可以欣赏全部美景的最佳观赏处，体力好的游客可以顺着岩石小径攀岩到窗墙之上，透过多个孔洞，窥视公园全景。

TIPS

📍 **地址**　位于犹他州西南部。
📍 **贴士**　除了 1 月 1 日、感恩节和 12 月 25 日之外，游客中心每天都开放。

岩穴

在公园观赏主道上前行，就可以看到峡谷边缘处出现的岩穴洞口。这些洞穴是高原顶部渗漏下来的水雕刻而成的。因为地势险要，它们成为红尾鹰、大乌鸦和鹫的自然家园。在狭长地带行走，巨鸟在头顶盘旋，一种回到西部的时光交错感油然而生，仿佛脚下的大地正等待着伟大勇士的探寻。

佑维帕点

来到布赖斯峡谷国家公园，就不能不登上佑维帕点。这是公园内最为理想的观景台。整体观景点高出周边岩石数米，近 8000 平方千米的旷野园区都能在这里观测，让人类不能不叹服大自然神奇的造物能力。

布莱斯峡谷国家公园面积不大，地貌独特，成千上万千姿百态的岩柱，为它赢得"天然剧场"的美誉

大蒂顿国家公园 GRAND TETON NATIONAL PARK　**027**

最美理由 /
　　大蒂顿山脉就是影片《断背山》里那一望无际的群山。大蒂顿山脉拥有8座海拔超过3600米的山峰，其中大蒂顿峰高达4190米，山顶终年积雪，吟唱着一曲冰川的颂歌。7个珍珠般的湖泊镶嵌在山脚下，仿佛是天女散落的项链串珠。大蒂顿山四季如春，繁花似锦，百鸟争鸣。杰克逊湖山谷更是著名的"野花之谷"，漫步其间如同步入仙境，有种超凡脱俗之感。

最美季节 / 6、7月

最美看点 / 大蒂顿峰、杰克逊湖、跳跃瀑布溪、神秘瀑布

最美搜索 / 怀俄明州

雪山是大蒂顿公园风景的精华，娓娓动听地讲述着文明与蛮荒、盛夏与寒冰、神奇与傲岸、曲折与磅礴

　　大蒂顿国家公园建于1929年，占地1256平方千米。大蒂顿山脉长约60千米，宽约20千米，最高峰海拔4190米。大蒂顿左边是中蒂顿、南蒂顿等，右边是欧文峰、莫然峰等。千山万壑从杰克逊湖的湖水中拔起，群峰簇拥在一起如同教堂的哥特式尖顶。每一座山峰都俊美非凡，如同一位位英俊的男子，阳刚而阳光。突兀的岩石勾勒出俊男面部的轮廓，让人想起希腊雕塑中那些完美的男子形象。山上点缀着终年不化的积雪，有的如同一顶礼帽，有

的如同一条腰带。而中西部的德顺山脉如同一座巍峨的海岛,又如海上的点点风帆。

大蒂顿山的历史有800多万年,相比落基山显得年富力强。岩层的核心部分却是25亿年前火山喷发的岩浆和冰川相互作用而形成的。公园内海拔3000米以上的山峰有20余座,千岩竞秀,万壑争流。大蒂顿山是鸟的天堂,有200多种鸟类在此栖息游乐,还有成群的美洲野牛、麋鹿和羚羊,以及其他众多哺乳动物在山间悠然生活。

园内东部由于地质变化形成凹陷,大蒂顿山脉的溪流和冬季积雪为这些凹陷中注入源源不断的水流,形成湖泊,由北到南,按照由大到小的顺序,一字排列,犹如大珠小珠落玉盘。斯内克河上用水坝拦堵形成的杰克逊湖是园区内最大的湖泊,长达26千米,最深处有130米。湖水澄净,不时有水鸟飞过,留下一道优美的弧线。美丽的詹尼湖畔开满鲜花。沿湖行走,可以见到欧文峰和莫然峰两座银装素裹的雪峰。两峰之间是快乐欢腾的跳跃瀑布溪和著名的神秘瀑布。跳跃瀑布溪上,水流蜂拥,大小瀑布接连不断。仰头望去,上面是陡峭的峡谷。神秘瀑布隐在山沟里岩石边树木背后,高数十米。

大蒂顿山最美的季节是每年6、7月份。"野花之谷"杰克逊湖山谷此时万花齐放,为大山涂抹上了浓墨重彩的一笔,如同一幅美丽的油画。

TIPS

◉ **地址** 位于怀俄明州西北部的冰川山区,与黄石国家公园相邻。

◉ **贴士** 1. 这里是登山者的乐园,专门设有爬山学校。
2. 在蒂顿冰川观景处可以从正面观赏蒂顿三峰。

大蒂顿公园是公认的美国西部的标志,是经典影片《原野奇侠》《断背山》以及无数广告的外景地

奥林匹克国家公园 OLYMPIC NATIONAL PARK   **028**

最美理由 /

　　奥林匹克半岛坐落于美国西北角人烟稀少地带，这里空气清新，鸟语花香，宛如人间仙境。高大巍峨的奥林匹克山坚定地屹立于半岛的中心地带，其独特的地理特征使山下绿草如茵，山间苍松翠柏，山顶银装素裹，奇异秀美。海岸、群山及雨林三种不同的自然生态环境形成了奥林匹克公园的独到之处，可谓美国西北地区最值得一去的国家公园。

最美季节 / 7～10 月初

最美看点 / 新月湖、温带雨林、拉普西

最美搜索 / 华盛顿州

奥林匹克国家公园由三处生态系统截然不同的山地组成，也因此被称作"三处合而为一的公园"

　　占地 3626 平方千米的奥林匹克国家公园是一座以雨林为特色的公园。公园由雪山、温带雨林和海滨三部分组成，游客可于同一次参观经历中体会一年四季的气候以及相应的不同自然生态。

　　追溯奥林匹克国家公园的形成历史，该地区由于冰川被隔绝了亿万年，在奥林匹克半岛逐渐发展了自己独特的生物系统。世界上最大的针叶树群连天蔽日；粗大的枫树树径让这里充满原始与神秘感，厚厚的苔藓散发着清淡的湿气。低矮的灌木丛中散布着野蘑菇，野花张扬着五彩的新衣遍地开放。公园内还有百余种鸟禽，约 5000 头麋鹿在此地安家。海滩上聚集着周身肥胖的海豹，溪边常有黑熊和浣熊来往的痕迹。崎岖的山巅覆盖着约 60 处活动冰川，可以说是一座拥有丰富地形和景观的地理教室。

新月湖

在公园中横贯南北，距离暴风山脊约 1 小时车程。新月湖是夏天很好的去处。湖水清澈见底，可游泳、可行船，是游人休闲、垂钓及露营的最佳地。同时在新月湖还可以游览暴风山脊，这里是观赏奥林匹克山景的最佳眺望点。

温带雨林

分布在昆斯、奎纳尔街河谷等地，是北美难得一见的温带雨林。其植物种类繁多，足以和亚马孙丛林媲美。雨林中规划有许多健行步道，充沛的芬多精是森林浴的最佳资源。在温带雨林的小径中随性漫步，呼吸着青绿色苔藓散发出的微腥的湿气与香柏木淡淡的树脂芬芳，周身的疲惫也被一扫而光。

拉普西

位于拉普西村附近的太平洋海岸呈现出荒凉而原始的景色，岸边遍生的针叶树及长着地衣的赤杨木，因常年被海风无情地袭击而略显萎靡。这片海域中遍布了暗礁、岩石，是一片十分原始的海洋。海水的颜色终年为幻境中的深灰蓝，深邃幽静，令人遐想。

动植物宝库

奥林匹克国家公园生活着无数全球珍稀的动植物，比如世界上最大的针叶树，近 80 米高，枫树跨径可达 12 米，鸟禽多达 140 种。所有的植物都在争夺着生存的空间和阳光。生长和腐败在此循环不息，海滩上还往往留有海豹、黑熊和浣熊来往的痕迹，同时也是罗斯福麋群的聚居地。无论是散步，登山还是野营，游客都在数不胜数的动植物包围下，进行一场惊心动魄的创世探险，请不要试图改变什么，在这个高深莫测的世界里，你，只是一个能量微小的旁观者。

TIPS

📍 **地址** 位于华盛顿州西北角的奥林匹克半岛上，濒临太平洋，离西雅图有 3 ~ 4 小时车程。

📍 **贴士** 1. 景点都集中在公园的北侧，建议游客以北边的入口作为起点。
2. 游客服务中心提供免费的旅游信息和园内详细的地图。

密集的树林夹带着苔藓编织成的厚帷，厚厚的青苔地面，平地拔起巨大的羊齿植物，有藤蔓缠绕的枫树，给公园增添了无数神秘而又美丽的想象

死谷国家公园 DEATH VALLEY NATIONAL PARK　**029**

最美理由 /

死谷是一片炎热谷地，两边是悬崖绝壁，地势十分险恶。这里是北美洲最烘热、最干燥的地区，西半球最低的陆地就在这里。但这片险恶之地却拥有丰富的地质地貌：盐碱地、沙丘、火山口、峡谷、雪山、冲积扇平原等。最堪称奇的是，这个人间地狱却是飞禽走兽的极乐世界。死谷也是美国著名的爱德华空军基地和太空实验的场所。此处的高科技风力发电在沙漠强风下蓬勃发展。

最美季节 / 11 月初 ~ 次年 4 月末
最美看点 / 死谷、恶水
最美搜索 / 加利福尼亚州、内华达州

死谷峡谷形态千奇百怪，裸露的岩石面被各种矿物质渲染得五颜六色，仿佛是外星的神秘世界，这里也因此成为诸多科幻电影的外景拍摄地

死谷位于内华达山脉东麓的沙漠断层地沟，长约 225 千米，宽 8 ~ 24 千米。这里有 1408 平方千米面积低于海平面，最低处"恶水"地带低于海平面 85 米，是西半球最低的陆地。由于海拔低，因此气候炎热，谷底原有的大湖泊干涸后就变成了沙漠。死谷也是全球最热的地方之一，几乎常年不下雨，每年的降雨量只有 63.3 毫米。更有过连续 6 个多星期气温超过 40℃的纪录，在 1913 年 7 月 10 日还创下了西半球极限温度 56.7℃的纪录。

1 万年前，这里有人居住。两三千年前，印第安人居住在恶水盆地的湖边，因此这里保留有印第安人的文化遗迹。19 世纪淘金浪潮中，许多淘金客为了走捷径而葬身在这无情的沙漠之中，黄沙中遍地白骨，因此有了"死谷"的凶险之名。死谷矿产资源丰富，有铜、金、

银、铝、硼砂等。依靠矿产资源这里也建立起了小市镇，如今还可以看到当年的硼砂厂废墟、炭窑。

如此惊悚的"死谷"却是动物的天堂。据统计，这里大约繁衍着 300 多种鸟类、20 余种蛇类、17 种蜥蜴，还有 1500 多头野驴。耐盐碱的沼泽地带有野兔、狐、山狼和沙漠大角羊等动物出没。在这地球上最不适于居住的地区生长着一些适应力极强的生物，比如沙漠小鱼生活在棉球沼泽，这里的盐分比海水还多出 6 倍。死谷于 1933 年被定为国家纪念地，1994 年被辟为国家公园，它是美国大陆上面积最大的国家公园，占地 1.3 万平方千米。

恶水

北美洲海拔最低点，低于海平面 85 米。这个盆地一眼望去白茫茫、平整整的，在阳光下非常刺眼。盆地里面是结晶盐，从地面到地下几尺深都是。在两三千年前，这里是一个近 20 米深的大湖泊，但常年的干燥和炎热使它变成了现在的样子。恶水附近有个"魔鬼的高尔夫球场"，也是一大片盐地。这里的盐在不断地形成变化中，形成了小坑小洼。这里也是世界上最低的高尔夫球场，海拔 −60.4 米。这里有每年一度的"恶水超级马拉松赛"，被称为"世界上最艰难的脚力赛"，从北美洲大陆的最低点跑到最高点——位于 122.3 千米外的惠特尼山峰（海拔 4418 米），路径总长 217.3 千米，中间要翻过两座山脉。而且是在最炎热的 7 月举行。此时，恶水气温高达 48.9℃。

TIPS

📍 **地址**　位于加利福尼亚州东南部，一小角延伸入内华达州西部，距拉斯维加斯约 224 公里。

🚗 **交通**　洛杉矶到死谷 150 公里，由 10 号公路接 15 号往北，至 Cajan 换 395 号，约 6 小时车程。从拉斯维加斯到此约需 3 小时车程。

💡 **贴士**　游客可以骑马游览死谷国家公园。

"斯科特城堡"

你能想象得到吗，就在荒凉干旱的死亡谷正中，却矗立着一座西班牙风格的城堡，而且，这座美轮美奂的城堡，竟然拥有错落的棕榈树和成片的草坪！关于斯科特城堡的建立，有一个真实的故事：当年一位 Scotty 先生来到死亡谷谎称在此地发现金矿，诱使他的好友银行家强森投资。然而过了许久也不见黄金踪影，强森决定亲自去死亡谷一探究竟。Scotty 本以为强森健康状况不佳，一定适应不了这里艰苦的环境，岂料奇迹出现了，干燥炎热的气候竟然让强森的身体奇迹般地好转。自此，强森阴差阳错地爱上了这个地方，并兴建了一座西班牙式豪宅常来常往。然而，不久后美国股市崩盘，强森破产，迫不得已，他于第二年将城堡出售，"斯科特城堡"也从此成为死亡谷内令游客叹为观止的旅游景点。

巴德兰兹国家公园 BADLANDS NATIONAL PARK　**030**

最美理由 /

　　"它有一个恶名，但绝对是个好地方"。巴德兰兹劣地是美国最大的混合草原保护区。这里是名副其实的恶劣之地，满目荒凉。硕大的土地上全由岩石堆砌，让人仿佛置身月球。游客沿着环园公路可以从不同角度来欣赏荒凉的美：起初是俯瞰整片恶地山谷，接下来随着地势走低，仰望四周的高山奇岩带给人心灵上的冲击。春天草原野花繁盛，秋季里万里无云的蓝天成为这里永恒的画面。

最美季节 / 春、秋季

最美看点 / 石墙

最美搜索 / 南达科他州

巴德兰兹国家公园以独特的地形特征闻名，急剧风化的山丘、峡谷和山脊，被大风和稀少但汹涌的雨水塑成各种神奇的形状和造型

巴德兰兹劣地由刀锋般的山脊、深沟、狭窄的平顶山以及一望无际的沙漠组成，景色荒凉，气候炎热。最早到达这里以捕猎为生的法国殖民者，首先把这里称作"荒地"。公园保护了美国近百平方公里的大幅侵蚀沙丘尖顶区。劣地中的约 26 平方公里土地是指定的荒野区公园，用来保护北美最濒危的哺乳动物黑足鼬。公园的最高处 1020 米，有色彩鲜艳的山脊和沙土高地，从冷色的灰和蓝到暖色的黄和粉，各种沉积层呈现出不同的颜色，如一道道彩条霓裳。

巴德兰兹地区的高原大约形成于 800 万年前。当时这里是一个面积约 1.55 万平方千米的浅海。落基山脉在 6500 万年前隆起的同时，将这里抬升。在随后的数百万年里，气候逐渐变得潮湿温暖，亚热带森林在此旺盛生长。但是，冰川时期的到来，使气候变得干燥寒冷，森林变成了热带草原，又变成草地。经过漫长的时间，这一地区的岩层不断遭受雨水的侵蚀，变得凹凸不平，而且侵蚀仍在进行中。

该地区已发现了许多化石。包括剑齿类虎、三趾类马以及小骆驼。还有些奇特的动物，比如有种犀牛般的动物，鼻子上有一个大角；还有种身长 3 米，好像是公牛、马和野猪三者的杂种。巴德兰兹大角羊从落基山脉迁移至此，就生活在这片岩石裸露的荒山上。大角羊体态威严，动作敏捷，在峭壁上自由行动。但是，大角羊因美丽的犄角而遭遇杀身之祸，19 世纪在北美生活着 2 万只大角羊，到 20 世纪 20 年代基本消失。

巴德兰兹国家公园拥有最富饶的化石床。人们在这里找到了数百种史前动物的遗骸

石墙

园内起伏不平的草原上有许多岩石形成的尖顶、尖塔、石架、烟囱、城堡、教堂和城垛，这种地理造型就是"石墙"，绵延 400 千米，将北部的草场与南部低于海平面 60 米的草场分隔开来。在北部草原上，几乎看不到石墙；但在南部的平原上，拔地而起的石墙如同一座废弃已久的城池。石墙是强大的风力吹起粗砂和灰尘，不断"打磨"岩石的结果。每年的霜冻与解冻也对石墙的形成起了作用。根据地理学家的测试，石墙表面正以令人难以置信的速度快速消逝，有些地方的表面厚度以每年 2.5 厘米以上的速度减少。

约塞米蒂国家公园 YOSEMITE NATIONAL PARK　**031**

最美理由/
　　世界自然遗产约塞米蒂国家公园是美国西部最美丽、参观人数最多的国家公园之一。这是一大片鬼斧神工，似是精雕细琢，却又在细腻中展现粗犷的自然美景。公园内地势落差极大，山峰、峡谷、河流、瀑布，构成了难得一见的雄伟景象。最美之处在于约塞米蒂山谷，集中了许多令人叹为观止的美景。园内千年古木参天，蔚为大观，尤其是巨杉树林都是世界级的元老。

最美季节/四季皆宜
最美看点/约塞米蒂山谷、约塞米蒂瀑布、马里波萨树林
最美搜索/加利福尼亚州

蜿蜒的河流、高耸入云的红杉、潺潺的瀑布流水、陡峭的山崖，构成了约塞米蒂国家公园格外瑰丽动人的风景

　　"约塞米蒂"是印第安语"灰熊"的意思，相传这是一个印第安部落的名字。约塞米蒂国家公园以约塞米蒂山谷而得名，是国际公认的旅游胜地。约塞米蒂是冰川作用的杰作，那些光秃秃的山峰、陡峭的山崖和巨大的独石，都是被巨大的冰床削凿而成的。1864年，面积为3080平方千米的约塞米蒂谷地成为美国第一个州立公园，1890年谷地与其周围地区被指定作为"约塞米蒂国家公园"，占地面积0.3万平方千米。著名的太平洋山脊径以及约翰·缪

尔径都从公园东部穿过，优美的麦斯德河从园中流过。园内有1000多种花草植物，最多的是黑橡树、雪松、黄松木、树王巨杉等植物，其中的巨灰熊巨杉树龄已有大约2700年，是世界上现存树龄最大的树木。

约塞米蒂山谷

位于内华达山脉中部。在这条1.6公里宽，14.5公里长的峡谷中，容纳了许多壮美的景象。被伟大的博物学家约翰·缪尔赞为："上帝似乎总是在这里下功夫装扮美景。"自然主义者约翰·缪尔曾这么描述此地的美景："只有用手建成的庙宇才堪与之媲美。"这个山谷是由冰雪融水汇成的巨大湖泊经沉积作用而形成的。那缀满鲜花的草地为山谷披上了彩色披肩。山谷中到处挂着瀑布，是世界上瀑布最集中的地带。位于739米高处的世界第三长瀑——约塞米蒂瀑布被巧妙地分成上下两段，上瀑落差达430米，下瀑落差300米，一个水势迅猛，一个水流平缓，形成鲜明对比。水汽朦胧的新娘面纱瀑布，形如其名，勾人魂魄。这里的岩壁同样令人叹为观止：美丽的半圆顶高1577.7米，是世界上最大、最宏伟的岩壁之一。还有那世界上最高的不间断陡崖船长峰，它是一个由谷底垂直向上高达1099米的花岗岩壁。

马里波萨树林

位于公园南边，区内全是树龄几千年的巨杉。当初建立公园的初衷就是为保护这一大片树林。这里的树曾被砍伐，奇怪的是，砍倒后跌下来的树木又自动断成了许多截。为了保护这些树木，人们还在树干上挖洞，让马车从活树中通过。

在约塞米蒂国家公园，亲历自然的感受，却是观赏任何艺术作品都无法比拟的

大峡谷国家公园 GRAND CANYON NATIONAL PARK **032**

最美理由 /

　　科罗拉多河是北美洲主要河流，全长 2330 公里，在科罗拉多高原上自由奔腾，切割出 19 条主要峡谷，其中最深、最宽、最长的一条就是科罗拉多大峡谷。大峡谷顶呈桌面形，又称"桌子山"，顶宽 6～28 公里，最深处 1800 米。大峡谷底宽 120～1000 米，自谷底向上，从几十亿年前的古老花岗岩、片麻岩到近期各个地质时代的岩层阶梯分布应有尽有，其中，最年轻的火山喷出岩形成时间仅是 1000 年，系列岩层都清晰地以水平层次出露在外。各岩层不仅硬度不同，且色彩各异，在阳光照耀下变幻莫测。岩层中还含有各地质时期代表性的生物化石，被称为"活的地质史教科书"。

最美季节 / 4～10 月

最美看点 / 天生桥、阿切斯国家公园、印第安遗址公园、布赖斯峡谷国家公园

最美搜索 / 亚利桑那州

大峡谷国家公园，如同大自然雕刻出的创世奇观，只有你亲身站在绝壁边，放眼眼前的旷世奇景，才能从心底里发出对造物主的由衷赞叹

科罗拉多大峡谷起于马布尔坎宁，终端为格兰德瓦什崖，是世界上最长的峡谷之一。大峡谷全长 446 千米，平均宽度 16 千米，最大深度 1740 米，平均谷深 1600 米，总面积 2724 平方千米。科罗拉多大峡谷由几十个国家公园相连，其中尤以宰恩国家公园、布赖斯峡谷国家公园、阿切斯国家公园和彩虹桥国家保护地等最为著名。

天生桥

天生桥即天然生成的桥梁，在犹他州东南部的圣胡安地区，一条深达 760 米的峡谷上横跨着三座天生桥，其中最大的一座高 68 米，跨度 80 米。在犹他州南部纳瓦霍山西北科罗拉多河支流的一个偏僻的峡谷之上，屹立着一座世界最大的天生桥，高出水面 94 米，跨度 84 米，桥顶厚 13 米，宽 10 米。所有这些天生桥由鲜艳的橙红色砂岩构成，在蓝天白云的衬托下，横空出世。

印第安遗址公园

印第安遗址公园位于科罗拉多州境内，保留了印第安民族留下的崖居遗迹，证明人类在这里至少生活了 3000 年。崖居是在悬崖下的大空洞里筑屋而居，少则几间，多则几百间，一个洞就是一个村落。

布赖斯峡谷国家公园

从大峡谷向北到布赖斯峡谷国家公园，高原连续迈上五个大台阶，五个台阶依次取名为巧克力崖、朱崖、白崖、灰崖、粉崖，它们一层层上升，露出 30 亿年的彩色沉积层，有"地质博物馆"之称。

TIPS

📍 地址　位于美国西部亚利桑那州西北部的凯巴布高原上。

📍 贴士　大峡谷适合自驾车与徒步结合的旅行方式，大峡谷分南缘和北缘，从南缘出发下到谷底再从北缘上去最快要 1 个星期的时间。

乘木筏沿科罗拉多河漂流

由于大峡谷很难在某一角度窥其全貌，乘木筏漂流大峡谷，便成为很多户外爱好者的新宠，游河途中会经过 140 处急流，不过现在很多旅行社都推出了相对安全舒适的游览项目，游客白天徒步旅行或漂流，晚上在供应齐全的帐篷中住宿，全程 15 ~ 20 天左右。

公园内河水切出的岩石断面纵跨地球，漫漫地走过逾 10 亿年的历史

樵夫国家公园 VIOYAGEURS NATIONAL PARK　　**033**

最美理由 /

几乎一半被小溪覆盖的樵夫国家公园，坐落在美国明尼苏达州北部，这座国家公园有着丰富的文化与自然资源，起伏崎岖的小山散布在沼泽、河狸塘、湿地和小湖之间，大片的白杨林中回荡着啄木鸟和罕见的大灰鸮的啼叫，天空中盘旋着白头鹰，大自然的灵动神秘就在这里向世人展露。

最美季节 / 5 月中旬～ 9 月

最美看点 / 卡伯托格马半岛、回音湾小径、盲灰湾

最美搜索 / 明尼苏达州

樵夫国家公园 35% 以上的面积被水覆盖，遍布着许多小湖、湿地和沼泽，若你乘坐独木舟、汽艇或游艇，可以从水路往来于美国和加拿大之间

　　樵夫国家公园（旅游者国家公园）是一座水上宝库，1/3 的面积被水覆盖，四周全是潺潺溪水，禽类的啼叫伴随着流水声，仿佛是林间的交响曲。游客换上救生衣，坐在特有的"樵夫"独木舟中穿梭往来于公园之中，别有一番情趣，不经意间，就在美国和加拿大之间行走了几个来回。

　　公园的得名来源于 18 ~ 19 世纪一些乘着满载皮货和商品的大型独木舟的法裔加拿大"樵夫"。公园因其优秀的自然生态环境吸引了大量的大型禽类筑巢繁殖，潜鸟、青鹭、大鱼鹰都常现身于游客眼前。夜晚，野狼令人毛骨悚然的嗥叫声在林间回荡，回归自然的冲动与自身不断萌发的力量，会让你深深爱上这里。在北美的这片地方，人们似乎远离了现代社会，看到了一个年轻的世界。

卡伯托格马半岛

　　这座面积约 303 平方千米的半岛之上没有任何人工修缮的行走道路，天然未开发的小岛起伏崎岖，湿地、沼泽散布于岛上，四周均有小溪流过，能充分体验野外探险的刺激与乐趣。

回音湾小径

　　小径长约 3.7 千米，横穿过白杨树林、松树覆盖的岩石岭和河狸塘。在小径中行走，大蓝鹭、北美莺鸟、啄木鸟和罕见的大灰鸮都能得以一见。仿佛观赏鸟类百科一般，那划破长空的啼鸣让你为自然的初始魅力所感慨。这里也是拍摄野生动物的最佳地，每年都有众多摄影爱好者前来取景。

TIPS

📍 **地址**　位于明尼苏达州北部
📍 **贴士**　1. 烟雨湖游客中心自 5 月中旬至 9 月每天开放，10 月至次年 5 月中旬周三至周日开放。卡伯托格马湖游客中心自 5 月中旬至 9 月开放。
2. 公园门票免费。
3. 公园内野生动物较多，建议在公园管理员的带领下游玩。

盲灰湾

　　犹如自然庄园一般，沿着一条风景优美的 4 千米环形小道，穿过绵延起伏的森林，便可来到湖边欣赏盲灰湾的美景。低矮的灌木丛，挺拔参天的白桦树，时而传来的鸟儿啼鸣，都使得这里像一座等待主人回归的庄园一般恬静优雅。盛夏季节这里盛产蓝莓，你可以自行采摘品尝。

在樵夫国家公园的深处，曾留下几行淘金者的足迹，但现在，整个公园还是渺无人烟

大雾山国家公园 GREAT SOMKY MOUNTAINS NATIONAL PARK 034

最美理由 /
世界遗产大雾山国家公园保存着世界上最完好的温带落叶林，拥有 3500 种特有植物和许多濒临灭绝的动物，已发现的动植物数量达 1.4 万种。它还拥有世界上最大的鲵群。大雾山以草原、森林和云雾著称，园内森林茂密，古木参天，溪流遍野。大雾山国家公园也是美国东部最大最漂亮的国家公园、全美游人最多的国家公园，每年游人近千万。

最美季节 / 四季皆宜，尤其是秋天可观红叶
最美看点 / 山雾、Cades、Cove 小径、
最美搜索 / 田纳西州、北卡罗来纳州

海拔 2025 米的克林曼拱顶是大雾山国家公园的最高峰，层峦叠嶂的西天群峰间飘浮着一层淡蓝色的薄雾，将整个国家公园演绎出诗歌中浪漫的场景

大雾山国家公园占地 2000 万平方千米。园内有 16 座海拔均在 1800 米以上的山峰，地形十分繁杂。从墨西哥湾飘来的烟雾围绕着山峦，终年不散，且闪烁着淡蓝色的光芒，被当地印第安人称为"大雾山"。1934 年，为了保护美国国内仅存的一片南方原始硬木林，建立了这个国家公园。

大雾山是阿巴拉契亚山脉中最高的群峰。该地温润舒爽，气候极佳，且未被人类破坏，为植物提供了一个生长的伊甸园，是国际生物圈保护地。大雾山是世界上最古老的山脉之一，已有 10 亿年的历史。这里充沛的降雨、密布的溪流，滋养了十条大瀑布和众多小瀑布。

这里历史文化悠久，至今仍有切诺基族

印第安人保留地。在这片土地上，生活着苏格兰——爱尔兰移民者、切诺基族印第安人，多种文化交织在一起，赋予了它历史的意义。园中有 77 个具有历史意义的建筑，集中在 5 个区域内，包括伐木工棚、谷仓、教堂、磨米厂和其他各种各样的户外建筑。这里曾拍摄过著名电影《最后的摩西干人》。

Clingmans Dome

大雾山最高点，高 2000 多米。在此能欣赏大雾山最美的"雾"。山雾变幻多姿，一天几变。早上雾笼全山，不识此山真面目；中午，阳光驱逐了雾气，雾气如炊烟飘去；傍晚，夕阳为雾气镀上了玫瑰金，分外妖娆。山顶特建有环形走廊，沿着走廊攀登上制高点，可以环视周围一切。据介绍，这里平均视野范围为 35.4 千米。如果遇到天气晴朗，没有污染，视野范围能扩大到 160 多千米，美国 7 个州的风光尽收眼底。

Cades Cove 小径

园内最热门的景点，面积约为 28 平方千米，本是印第安人的土地，蕴藏着南阿巴拉契亚的厚重历史。这里有 19 世纪印第安人遗留下的木屋住宅、教堂以及磨粉厂等，仍保持着原始状态。每个木屋还有工作人员装扮成印第安人，展示着当地流传下来的各种生活技能。小径两边生长着数十米高的参天大树，各种野生动物不时地从密林中蹿出。这里的鹿、松鼠等野生动物一点儿也不认生，游人可以近距离观赏。美国内战前这块土地的居民最多达 700 人。1999 年，Cades Cove 的最后一个居民去世。

TIPS

📍 **地址** 位于田纳西州和北卡罗来纳州的交界处。

🚉 **交通** 从北卡罗来纳州的西部城市阿什维尔出发，经高速公路上山转入阿巴拉契亚山脉的蓝色山脊公园路可达。

📌 **贴士**
1. 公园不收门票，在游客中心免费领取导游图、地图、行车图。
2. 三星级宾馆一晚 100 美元左右（周一到周五可打五折）。
3. 园中的阿巴拉契亚小径全长 3500 公里，从阿巴拉契亚山系南方的佐治亚州一直通到东北角的缅因州，深受徒步爱好者喜爱。

大雾山国家公园是美国游人最多的国家公园，每年 1000 万游客慕名而至，但同样，这里也有温柔宁静的一面

阿卡迪亚国家公园 ACADIA NATIONAL PARK   **035**

最美理由 /

　　阿卡迪亚国家公园是美国面积最小的国家公园之一，但访问人数却位居前茅。保护区位于美国的最东北部，背山面海，是美国第一抹晨光照亮的地方。保护区内有绵延的山脉、曲折的海岸线、迷人的贝壳海滩、优美的林地、恬静的湖泊，还有芒特迪瑟特岛。最美的是那大面积的原始松林，还有几个清澈见底的淡水冰川湖泊，大西洋海岸第一高峰——卡迪拉克峰就耸立其中，一条漂亮无比的海滨路穿越其中。

最美季节 / 春、夏、秋季
最美看点 / 芒特迪瑟特岛
最美搜索 / 缅因州

岛上数十公里长的公园环绕路线则尽揽了整个公园的精华：弯延曲折的海岸线、高耸的山峰、深邃的峡湾、明镜般的湖泊、壮丽的潮汐，再加上一望无际的大海

　　阿卡迪亚国家公园总占地面积 190 平方千米，包括芒特迪瑟特岛，以及位于芒特迪瑟特岛西南的奥金岛和附近的贝克岛部分地区。半岛的斯库迪克在大陆的一部分，也是公园的一部分。此处最初由瓦班纳基人居住。这里只有一条细小的大陆桥连接着大陆的冰川地貌和球形岛屿，岛上有多座海拔超过 300 米的岬角。32 公里的公园环线道路串起了公园的精华景点：20 多个明镜般的湖泊与池塘以及著名的卡迪拉克峰。

　　阿卡迪亚国家公园最动人的故事是有关那些为这座岛屿付出心力的人。这里有大约 3500 位义工，每年共付出 4 万小时服务，还有非营利性组织"阿卡迪亚之友"的财力支援。19 世纪中叶，最早来这里的游客中有几位是绘画大师，如汤姆斯·柯尔和费德烈·丘奇，他们以绘画作品展现了这座岛屿惊艳的美丽。19 世纪末期，芒特迪瑟特岛上修建了许多度假饭店，成为洛克菲勒、范德比尔特、阿斯特等权贵的度假地。公园中许多小径都是小约翰·洛克菲勒的遗赠。他为了保持岛屿的宁静，防止机动车辆通行，出资大规模兴建了马车窄道网络，路面是人工铺设的石头，并以粗凿的花岗岩块镶边，被岛上居民称为"洛克菲勒的牙齿"。

芒特迪瑟特岛

岛上 3/4 的土地属于国家公园。礁石嶙峋的海岸线、平静的海湾、苍莽的森林、水晶般的湖泊等，让小岛极富英格兰风情。岛上还分布着许多风景如画的小镇。Northeast Harbor 是个精致奢侈的湾区小镇，茂密的林间掩映着一栋栋豪宅，这里几乎都是私人领地，是有钱人的夏天度假地。镇上随处可见高级跑车或古董车，码头上停放着很多游艇，无不显示着主人的富

有。岛上的灯塔深得摄影爱好者的青睐。灯塔建在海边陡峭的礁石上，守护着港湾。在每一个日落日出的时候，留下一道道美好的倩影。

阿卡迪亚国家公园是美国最受欢迎的十大国家公园之一，大海用了数千年时间，持之以恒地打磨雕琢，终于造就了阿卡迪亚国家公园如诗如画、旖旎多姿的风景

大沼泽地国家公园 EVER GLADES NATIONAL PARK **036**

最美理由 /
　　美国佛罗里达州这片大沼泽地是"地球上一个独特的、偏僻的、仍有待探索的地区"。这里沼泽遍布，河道纵横，小岛无数，蓝天白云与水泊陆地相交融，一眼望去，莽莽苍苍，横无涯际。在大沼泽中央有一条浅水河，河上有无数低洼的小岛和星罗棋布的硬木群落。由于是咸水和淡水融为一体，又为无数鸟类和爬行动物提供了良好的栖息环境，成为美国本土最大的亚热带野生动物基地。

最美季节 / 12 月～次年 4 月
最美看点 / 生态莎草、沙丘鹤
最美搜索 / 佛罗里达州

　　大沼泽地国家公园建于 1974 年，面积约 5670 平方千米，长约 100 千米，宽约 80 千米，是热带与亚热带地区。当地印第安人称它为"帕里奥基"，意思是"绿草如茵的水域"。美国作家道格拉斯曾经这样描述："大沼泽地广阔无垠，波光粼粼；碧蓝闪耀的苍穹，清风有力地吹拂着，其中夹杂着咸中透甜的气味。浩瀚的水面上布满茂密的莎草，翠绿色和棕色的莎草交织成一大片，闪烁着异彩；草丛下，水色灿烂，流水静淌。"沼泽地大部分是低洼平坦的水涝地，生长着茂密的亚热带森林和柏树，还有辽阔的莎草丛，组成了一个神秘莫测的丛林，蕴藏着许多待解的谜团。

　　一条浅水河从大沼泽地中央流过，河上有无数低洼小岛或硬木群落。硬木群落里长满了各种树木，如橡树、桃花心木、"游客树"裂榄等。当每年 6 ～ 10 月雨季来临，大沼泽地会变成汪洋大海，或者到了河水干涸季节，动物们便纷纷来到这些小岛避难。当地的印第安人就是在隆起的平地上盖房，在硬木群落里种植果蔬。

　　大沼泽地附近的万岛群岛被密密麻麻的

红树林丛所覆盖，组成了一座红树林迷宫。红树林把大沼泽地上的小岛变成了一座座绿岛，红树林的根部也成了无数海洋生物的居所。大赛普里斯沼泽地总是水汽蒙蒙，那里光秃秃的柏树林中隐居着许多蛇、短吻鳄和佛罗里达豹、白尾鹿等。在生机勃勃的生态莎草草原中随处可见青蛙，而在那裂开的荚果里则是成群的蚱蜢。每到夏天，热带斑纹蝴蝶便在这里飞来飞去。大沼泽地区还有大量水生物，生活着多种鱼、蝌蚪及蜗牛等软体动物，有 50 多万条鳄

TIPS

📍 **地址** 位于佛罗里达州南部。

📍 **贴士** 公园面积非常大，有四个入口，南部的弗拉门戈游客中心最精彩。

鱼出没其间。这里也是世界鸟类胜地，有超过 350 种鸟雀在此栖息或来往。如篦鹭、大青鹭、白鹭及蛇鸟等。其中最美丽的是沙丘鹤（又称加拿大鹤、棕鹤），约有 250 对沙丘鹤在这里筑巢。

大沼泽地国家公园位于佛罗里达州的南端。这里水中的生活环境为无数的鸟类和爬行动物以及海牛一类的濒危动物提供了很好的生存空间，有"湿地庇护所"的美誉

阿切斯国家公园 ARCHES NATIONAL PARK　**037**

最美理由 /
　　苍茫的荒地上到处是暗红色的拱形砂岩和深海剑鱼脊背般的山丘，地球造物主在这里留下了史上最神秘的一笔。阿切斯国家公园将全世界最为神奇的自然雕塑集于一处，向世人展示风与水的巨大力量，在这片广袤的沙漠中搭建了一座奇幻之城。全世界最大的自然石拱门群形态各异、色彩缤纷，展现了大自然的无穷魅力，震撼着每个观赏者的心。
最美季节 / 2 ～ 11 月
最美看点 / 公园大道、魔鬼花园、平衡岩
最美搜索 / 犹他州

　　科罗拉多高原的沙漠上几乎寸草不生，经过风与水的冲刷，坚硬的石头化为多变的雕像群。如同摩天大楼一般的尖顶式岩层好像要刺穿天空，摇摇欲坠却始终保持着平衡点的平衡岩让看的人惊心动魄。

　　建立于 1971 年的阿切斯国家公园是观赏美国这一特有岩石风光的绝佳之地，每一处景象都使人惊叹不已。呼啸而去的滚滚河水、落差巨大的山谷、陡峭的悬崖、直耸入云的山峰尖顶配上一望无际的沙漠，让人折服于眼前的绝美景象不能自拔。此外，公园悬崖上还有保存完好的 16 世纪中期西班牙探险家刻制的岩画可供游客欣赏。

公园大道

　　来到阿切斯国家公园，一定要在公园大道上进行一段徒步旅行，大道两旁有无数鲜花与灌木陪伴着游人前行，日出、日落之时的黑尾鹿如同精灵一般在山区中穿梭。公园的"石窗"景观呈现出一种奇特的景色。透过石窗观察这里的沙漠奇景，犹如观赏历史的步履一般。就连好莱坞大导演斯皮尔伯格也来这里取景拍摄。

魔鬼花园

　　"魔鬼花园"是一片由红黄两色砂岩杂乱组成的风化区，全长 29 千米，可谓一条拱门风景之路。这里有沙丘拱、断拱、圆形剧场、天际拱门、隧道拱、松树拱、风景拱、分离拱、墙拱、双拱、黑天使拱等诸多景点，其中有举世闻名的风景拱门与精致拱门，在过去的 20 年中，巨大的岩石块不时从这个壮丽的拱门上掉落。通过石窗远眺，在附近的拉索山脉映衬下，荒凉、绝美，真如同魔鬼居住之地。

平衡岩

　　很多游客都认为这类好似擎天巨石的特殊风化岩层，代表了美国人的独立与坚持。表面看来，平衡岩似乎随时会轰然扑倒在脚下的沙漠中，但实际上它们已在这里屹立了数千年。风声呼啸，巨大的顶部岩石好像就在头顶上摇摇欲坠，可其下的支持面又牢固地将它锁在大地之上，这一神奇的自然景观摄人魂魄。

TIPS

📍 **地址** 位于犹他州盐湖城以南 386 公里处。

📍 **贴士** 1. 除圣诞节外，游客中心每天开放。
2. 公园位于美国西部，温度较高，需用加强型防晒霜对抗紫外线，避免晒伤。
3. 需自备充足的饮用水。

阿切斯公园巨大的石拱，如同超现实世界中的玩具般鬼斧神工

国会礁脉国家公园 CAPITOL REEF NATIONAL PARK **038**

最美理由 /

国会礁脉由珊瑚礁构成，而是因为它那红色的岩石峭壁，宛如海洋礁脉，而峭壁上方覆盖的白色岩层又如一道穹顶，整个天然造型酷似美国国会大厦，因而得名。它如一堵墙将犹他州中部分隔开来，形成了一道难以逾越的天然屏障。如此奇特的地貌归根于千万年前的地质运动，因此"国会礁脉"是一座"活的地质教室"。

最美季节 / 四季皆宜

最美看点 / "水穴褶曲"、果园区、古印第安人岩画

最美搜索 / 位于美国中南部，犹他州千湖山火山与鲍威尔湖之间。

据说，国会礁脉国家公园是地球上唯一能够从太空中用肉眼观察到的自然景观。这里，也是印第安人纳瓦霍族世代居住的地方

国会礁脉国家公园（卡皮特尔砂岩国家公园）成立于 1971 年 12 月 18 日。公园呈狭长形，占地 979 平方千米。公园分成三个部分：北边是主教山谷；中心是马头丘区，包括了游客中心、弗里蒙特河与果园；还有格伦峡谷，它的牛蛙盆地上的大石浪，高达 457 米，被一个迷宫般的深峡谷网切割。

印第安人纳瓦霍族世代居住于此地，称国会礁为"沉睡中的彩虹之地"。如此景观是由于 6500 多万年前科罗拉多高原逐渐抬高后，使这里也相应抬高，与其相连的其余部分相对下沉，造成岩层大规模扭曲。它那褶皱的岩层形成了巨大的岩石阶。在千百万年来荒野狂风的肆虐下，褶皱被无情地侵蚀，渐渐形成了平

行的山脊和峡谷相间的地貌。有些褶皱上的坑穴可以积聚雨水，被称为"水壶"。"水壶"在侵蚀下不断扩大，为一些生物提供了栖身之所。蟾蜍、小虾卵等都是借"水壶"的"褓袄"而孵化长大。

水穴褶曲

园内最醒目的景观。它南北纵横160千米，是北美洲规模最大的单斜脊结构。这块地域原本是海底的一部分，随着科罗拉多高原经过几千万年的地质运动从海底拱出水面，升到高原后就形成了这种波浪形的褶皱。

果园区

19世纪末，早期的摩门教拓荒者来此垦荒，惊叹于这多样化、多色彩崖壁组成的美景奇观。摩门教徒沿着弗里蒙特河岸定居下来，在此种植水果、坚果和庄稼，使弗里蒙特峡谷一年四季鲜花不断。拓荒初期的建筑物仍被妥善保存着。这里的果园从19世纪末开始经营，至今仍被管理。每年3月中旬至4月，正值桃、

国会大厦和国会礁

据说，早期的摩门教拓荒者来到此地垦荒，看到这儿有着庞大的令人生展的红岩峭壁，宛如海洋礁脉浮现。红岩峭壁上方覆盖有如穹顶般的白色岩层，令人联想到美国的国会大厦"国会礁"，实际上，国会礁是科罗拉多高原岩层皱褶的突出部分，长达上百公里。但国会礁脉国家公园却因此而得名。

杏、梨、苹果、樱桃等花儿盛开，成为一片迷人的花海。当7～10月的采收期来临，果园免费让人们尽情采撷，品尝果实的美味。

古印第安人岩画

13世纪以后，印第安人乌他部落和帕鲁特部落迁居到了这里，为国会礁脉国家公园留下了许多古印第安人岩画。在离地约10米的石壁上，清清楚楚地看到刻着栩栩如生的牛、马等动物，还有造型生动的"集体舞"人像。这又为公园增添了可供观赏的人文胜迹。

在这里，丰富多变的岩层组合而成为伟岸瑰丽的地质奇迹，定会让远道而来的你赞叹不已

迪纳利国家公园 DENALI NATIONAL PARK　**039**

最美理由 /
　　作为阿拉斯加最著名的国家公园，这里拥有独一无二的野生动物保护区，成群结队的驯鹿井然有序地迁徙，慵懒的灰熊在小溪中捞鱼，矫捷的狐狸在山路上寻觅着猎物，以及数不清的鸟类都在此栖息。巍峨耸立的麦金利山上呼啸的寒风在告诉人们这里便是世界屋脊。麦金利山顶终年白雪皑皑，高大挺拔，气势磅礴，仿佛是远古诸神树立的丰碑。阿拉斯加的自然礼赞让无数人为之倾倒！

最美季节 / 5～10月初
最美看点 / 麦金利山、马蹄湖、普里姆罗斯山脊
最美搜索 / 阿拉斯加州

麦金利山的日出，是这座巍峨山峰最美的时刻，花岗岩和冰雪交织在一起，使巨大的山体掩映在美丽的粉红、紫红和紫色阴影下，随着太阳的缓缓移动而变幻色彩，迷离朦胧，如同仙境

　　美国迪纳利国家公园，建于1917年，位于阿拉斯加境内海拔6194米的北美最高峰——麦金利山。冬季气温可降至-40℃左右，使这里被视为全球最冷的山脉。公园以全世界最宏伟的山脉——麦金利山为标志，高傲地向全世界炫耀着它丰富的自然资源与独特的地理风貌。

　　作为世界上最大的国家公园之一，迪纳

利国家公园沿阿拉斯加山脉绵延 160 多千米，覆盖面积几乎相当于整个马萨诸塞州。公园内住着大批迁移动物，它们自由自在地生活在大自然的怀抱中，正是这样的景象，使得迪纳利国家公园成为当今世界上独一无二的野生动物保护区。这里的野生动物随处可见，迪纳利也因此被称为"亚北极的塞伦盖蒂国家公园"。野狼、小狼獾、驼鹿、狐狸，还有数不清的鸟类和小型哺乳动物都在此繁衍后代。如画的风景与灵性十足的动物使这里成为人们回归自然，感受自然魅力的最佳选择之地。

麦金利山

整座山顶常年被白雪覆盖，一派银装素裹的妖娆景象，凌厉的寒风呼啸而过，带起满天的冰雪飞扬，如同童话中精灵的华美舞蹈。麦金利山海拔 6194 米，是北美洲的第一高峰。每年都有无数登山爱好者来此欲征服这座高山，没有人不被其壮美的景色所震撼。

马蹄湖

整个湖泊状若马蹄，南北长而东西窄，当地人形象地把它称为马蹄湖。湖的形状如同马蹄铁的"U"形，极具山地原始风貌，是无数摄影爱好者的聚焦地。迪纳利国家公园的霸主大灰熊常出没于湖边，常能看到它们追逐打闹。

普里姆罗斯山脊

山脊陡峭异常，蜿蜒起伏。夏季大片的绿草地与亚北极周边环境反差巨大，令人仿佛处于两个季节中。跳高的纯白色野大白羊在高山峭壁间行进，原始动物与自然的抗拒画面让人永生难忘。

TIPS

📍 **地址** 位于阿拉斯加中部。
📍 **贴士** 1. 迪纳利国家公园在冬季停止营业。
2. 公园内交通便利，设有观光巴士。游客不能自己开车。

麦金利山顶终年白雪皑皑，气势磅礴，白雪覆盖的山脉仿佛退回到了蓝色地平线，神秘而神奇

冰川国家公园 GLACIER NATIONAL PARK   **040**

最美理由 /
　　毋庸置疑，冰川国家公园是北美最壮观的国家公园之一。这里有高耸入云的山尖、幽深诡秘的山谷以及落差极大的峡谷，有人甚至称这里为"小瑞士"。被冰河打磨得如同尖刀般的陡峭山峰终年被白雪覆盖，在阳光下晶莹透亮，如同一位冰冷的美丽妇人，让人心生向往。成群的野生白山羊在隐秘的小道上行走，可爱活泼的松鼠穿梭于参天大树之间，夏季盛开的野花张狂艳丽，沿着高山的优美曲线遍地开放，歌颂着这片北美独有的原生地风景区。

最美季节 / 6 ~ 10 月中旬

最美看点 / 罗根山隘、麦当诺湖、圣玛丽湖

最美搜索 / 蒙大拿州

在北极无边无际的冰原面前，一座座连"泰坦尼克"号都会吞噬的冰山，在此却若同孩童们堆砌的雪堆，渺小到几乎可以忽略不计

　　靠近加拿大的冰川国家公园建立于 1910 年，美国与加拿大各自拥有公园在本国境内的面积。这里拥有 50 余座冰川，其中最大的要数高约 2440 米，位于公园北坡的杰克逊山和布莱福特山。高大雄伟的冰川直刺高空，一把把尖刀状的冰峰如同冰雪王国中的金字塔，等待游客的探访。

　　极地与高山气候使这里气候寒冷。但每年都会在冰雪消融之际，整座公园中随处可见临时形成的小溪从数十米高空中倾泻而下，水花四散，极为壮丽。公园内保留了北美特有的物种多达上千类，花旗松与大枝松苍劲挺拔，好似公园的山神守护着这片美丽的家园。

罗根山隘

　　位于罗根和雷诺溪源处，是冰河公园的最高景点。此地建有游客服务中心，中心内有各种信息并举办附近的健行、生态观察活动等。健行步道的尽头可以看见掩映在群山间的隐湖。罗根山隘的健行步道长约 1200 千米，在夏季是仔细欣赏公园风光的最好方式。雷诺山映在游人如织的罗根山隘的天空上，气势磅礴，让人惊叹不已。

麦当诺湖

从阿帕格的麦当诺湖边开始，大陆分水岭沿着遥远的天际划出一条高低曲折的线。麦当诺湖是公园内最大的湖，长约 16.1 千米，但深不足 121.9 米。湖泊沿岸均为参天古树，以周围高高耸立的雪山为背景，犹如一幅美丽的风景画。

圣玛丽湖

圣玛丽湖位于向阳大道东端的一座山谷中，顶上是白雪皑皑的山峰，它是温暖气候阻止冰川前行时形成的。圣玛丽湖由几千年前的一块巨大的冰河穿凿而成，是向阳大道东边的起点，也是冰川国家公园最著名的景点，不论是在湖边垂钓鳟鱼，还是搭船游湖，都是很好的选择

TIPS

📍 **地址**　位于蒙大拿州北部，与加拿大相毗连的国境线上。

📍 **贴士**　公园内游客中心开放时间各不相同：阿帕格游客中心全年开放（11月~次年3月仅周末开放）。圣玛丽游客中心5~10月中旬开放。罗根山脑游客中心6月初~10月中旬开放。

巨大的冰山，在海中投出深蓝色和蓝绿色阴影，发出宝石般通透的蓝光

梅萨维德国家公园 MESA VERDE NATIONAL PARK **041**

最美理由 /
梅萨维德国家公园，"神的游戏场"，你能想象在不能到达的悬崖绝壁上建造高达三四层的砖石房子吗？普韦布洛人早在 1500 年前就做到了！这里，也是美国唯一一个专为保护人造建筑而设立的国家公园。1978 年被联合国教科文组织列为世界文化与自然遗产。

最美季节 / 5 ～ 10 月

最美看点 / 非常独特的北美洲印第安人穴居地

最美搜索 / 科罗拉多州

梅萨维德国家公园拥有保存完好的悬崖住所，陡峭的峡谷，崎岖狭窄的山路，曾经，这里生活着庞大的部族，然后，他们如风一样散去，留给后人感叹和猜想无数

梅萨维德国家公园位于科罗拉多州西南角，拥有整整 200 多平方千米的荒山野岭。但如果你穿过那些直指天空的枯树，穿过深草，穿过乱石嶙峋的石滩，你会发现在这片不大的山野里，竟有着 4000 多处考古遗址、600 多座在悬崖峭壁上或荒野中的大小石屋建筑群。

据考古学家研究，在公元 550 年到 1270 年间，这里生活着美国普韦布洛居民，他们穴居在悬崖峭壁之上，生活方式十分独特。公元 1276 到 1299 年，这里发生了连续 24 年的大旱灾，食水断绝，人们逃荒而去，只在山野间留下这些精致的残垣，引发后人的赞叹和猜想无数。

绝壁宫殿

据推测，绝壁宫殿可能是整个遗址的中心，其格式，是一个可供数百人居住的竖式村庄，约建于 11 世纪。在高楼周围还有圆形、方形的小楼。一栋长形屋的墙壁长达 90 米，内部间隔成 151 个房间；房屋下面开挖 23 个地穴，最大的地穴有 7 间房间之大，据称是居民举行宗教仪式的地方。长屋北边有座"杯子房"，内藏 430 个杯子、盒子、饭碗和缸瓮，可能是祭器储藏室。在这些建筑前还设有一个露天平台，供炊事与家务之用。

云杉树屋

要一睹梅萨维德崖居的真容并不是件容易的事，四周陡峭险峻的悬崖，崎岖狭窄的山路，深不见底的峡谷，高达 2000 多米的海拔，长途跋涉而来的印第安人为了生存从地穴到石屋，在垂直陡峭的岩壁上建造出一间间的房舍。云杉树屋约建于 12 世纪，以云杉构成而

得名，全长 203 米，宽 84 米，三层楼。全楼包括 114 间住房，8 间祭祀室。这 100 多间屋子，有的呈长方形，有的呈圆形，还有的呈三角形，全依悬崖下的空地因地制宜。一些建筑前还设有一个露天坪，供居住者炊事与家务。由于这些石屋均建在悬崖峭壁上，参观的游人入室必须攀登一道触目惊心的长梯或凭借扶梯才能观看，形态相当惊险。

公园里的 500 多座石屋均建在悬崖峭壁上，你必须攀登一道触目惊心的长梯或凭借扶梯下到屋内

一座座古老的石屋，在部落鼎盛之时，就是一个个活色生香的家族故事，但现在，早已人去楼空

落基山国家公园 ROCKY MOUNTAIN NATIONAL PARK　**042**

最美理由 /

　　起伏的天际线上群峰蓝立，山顶常年被白雪覆盖，冰川期遗留下的神奇地理特征在这里被人类窥视……落基山国家公园以其独有的优美风景征服了每位来访者。落基山国家公园内山峰高大挺拔，海拔超过3658米的山峰就多达78座。每年春夏来临之时，生命力极其顽强的野花用稚嫩的腰身破开冻土，让绚丽的颜色

在山峰间短暂开放，充满了生命的张扬与高傲。独特的高山地貌、高大巍峨的山峰与晶莹奇幻的冰川等多姿多彩的地理特征让人久久难以忘怀。

最美季节 / 5～9月
最美看点 / 朗斯峰、梦湖、山脊公路
最美搜索 / 科罗拉多州

奇峰错落的壮丽群山、碧波澄澈的湖泊、广袤无垠的冰原大道……落基山国家公园，总是给予游客无限的赞叹和想象

　　落基山国家公园坐落于大分水岭上，是美国全部国家公园中海拔最高的一座，它建立于1915年，公园内有众多的高峰和绵长的高山公路。园内超过海拔3658米的山峰共78座，可谓登山探险迷们的乐土，园内的朗斯峰因为险要的地貌尤其受到关注，另外山脊公路因其3713米的海拔也成了美国海拔最高的公路。

单调的岩石群和连绵不断的山峰不能吸引来众多的游客，在林木线之下温婉多情的梦湖使这里如同梦幻国度，阳光下波光粼粼，成群的小动物在此嬉水嬉戏。数不清的野生动物在森林和草地上漫步，河狸在许多流入湖内的小溪边辛勤地筑坝。在冷酷的自然环境中，动物们的灵动跳跃为这里增加温馨的色彩，春夏之际，野花钻出冻土，又为这里铺上了多彩的地毯，使人备感亲切。

朗斯峰

于 1820 年被拓荒作家和自然学者伊莎贝拉·博尔德发现。朗斯峰海拔 4345 米，几乎在公园的任何地方都可以看到。朗斯峰四壁陡峭，山顶平坦，从这里可以看到远在 160 公里之外的科罗拉多州落基山脉弗兰特岭。朗斯峰和南边的派克斯峰一样，构成了该山脉的地标性山峰之一，也是美国最有特色的山脉之一。

TIPS

📍 **地址**　位于科罗拉多州，从丹佛出发大约 3 小时车程。

📍 **贴士**　1. 游客中心除圣诞节外全年开放。
　　　　　2. 去朗斯峰旅游一定要早出发，因为午后的天气经常会从多云变成短暂的雷雨。

梦湖

建于 1932 年，在炸掉了 90 棵树桩并用拖拉机清理了湖底后，建起了这座美丽的湖泊。该湖在 1937 ~ 1938 年冬天毁于洪水，1939 年重建。梦湖边上经常有动物出没，小到松鼠，大到黑熊，森林精灵长耳鹿也常光顾这里。

山脊公路

可以让游客从各个方向观看落基山脉。这条公路有 18 千米是在林木线以上穿行，海拔最高处为 3713 米，是美国海拔最高的公路。据说天气晴朗之时，可以看到俄怀明州。

落基山国家公园内的冰湖晶莹剔透，仿佛述说着千年冰川悠远而壮阔的秘语

红杉树国家公园 REDWOOD NATIONAL PARK 043

最美理由 /
世界自然遗产红杉树国家公园拥有世界上最大、最壮观的红杉树原始森林。影片《阿凡达》中那些神秘的绿色茂林，就是以红杉树国家公园为原型。红杉树是世界上最高大的植物，高度可达 70 ~ 120 米，如一位位擎天巨人。红杉树又是长寿的植物，树龄可达 800 ~ 3000 年，举世罕见。

最美季节 / 四季皆宜
最美看点 / 红杉树
最美搜索 / 加利福尼亚州北部海岸

红杉树国家公园南起大瑟尔，北至俄勒冈州界以北不远处，面积 429.3 平方千米，绵延 600 千米。这一带风景绮丽，河谷幽静，海滩明媚，温润的气候滋养了一片片红杉树林。因此，这里的红杉树林是世界上现存面积最大的红杉树林，其中百年以上的老林区有 170 多平方公里。近海处是大面积的海岸红杉，树龄 800 ~ 1500 年；向内陆延伸后则是以山脉红杉为主，树龄可达 2000 ~ 3000 年。

红杉又名美洲杉，属于柏科。它们是恐龙时期生长的巨大的常青树的后代。这些高大的树种喜欢潮湿的环境。正好这一带冬季丰沛的雨量，夏天的沉沉雾霭，给予红杉树极大的滋养，使它们自由生长。红杉树枝短叶尖，树干呈深玫瑰红色，叶片深绿，树皮厚度可达 30 厘米。有棵名叫"戴惠巨人"的红杉，曾以 113 米的高度创下最高树木的世界纪录。红杉树生命力出奇地顽强，生长神速，成活率高，即使把它的树根切成碎片也能长出新树来，被认为是世界上最有价值的树种。红杉树需要 400 年才能成材。这时，下层的树枝会逐渐脱落，因此从树根向上 30 米处没有旁枝，促成树上面形成了一把枝繁叶茂的巨伞。由于红杉树高大遮荫，树冠吸收了大量的光线，只有在树林底部才有蕨类植物生长。红杉树那厚实的树皮使它们很少遭到火灾，但山崩和强风摧倒了老树，印第安人就用倒下的树木做独木舟或建房屋。红杉树是自然界缓慢进化的神奇见证。林中还生活着 75 种哺乳动物，200 多种鸟类。有许多罕见的海洋生物和陆地生物，如海狮、秃鹰和濒临灭绝的加利福尼亚褐色塘鹅。

红杉木是极好的木材。自淘金时代起就遭到商业性砍伐。1906 年旧金山地震后，红杉在恢复重建中起到了巨大的作用。20 世纪 60 年代，美国在加州设立国立红杉森林公园，积极保护红杉树林及其周边环境。1978 年 3 月，卡特总统签署法令，将私人手中近 200 平方千米的红杉林划归红杉树国家公园。

TIPS

◎ **贴士** 公园内有个小木屋邮局，可以寄明信片。

红衫树国家公园不但拥有全球最庞大的红衫树，更是电影《阿凡达》的外景地，森林景色和潘朵拉星球的森林一模一样

雷尼尔山国家公园 MOUNT RAINIER NATIONAL PARK **044**

最美理由 /

雷尼尔山是美国最高的火山，它巍峨雄壮的身躯直指苍穹。它不仅是世界上最雄伟的山岭之一，也是华盛顿州的地标。这座喀斯喀特山脉中最主要的火山，以傲视群峰的姿态，巍然挺立，就像自然学家约翰·缪尔说的那样："在所有曾像灯塔一样在太平洋沿岸闪耀的火山之中，雷尼尔山是最辉煌壮丽的一座。"就在山北面，流淌着美国大陆上最大的冰川——埃蒙斯冰川。雷尼尔山公园内的"天堂"与"日出"两处景点同样引人入胜。

最美季节 / 7、8 月

最美看点 / 天堂、日出

最美搜索 / 华盛顿州

　　雷尼尔山是美国喀斯喀特山脉的最高峰，海拔 4392 米。这座火山呈圆锥形，基盘为花岗岩，火山体为安山岩。最近一次喷发在 1870 年，如今还可见少量蒸汽喷出。1899 年，为保护雷尼尔山雪裹冰封的自然景色，建立了雷尼尔山国家公园，占地 10 万多公顷。

　　雷尼尔山是世界上最雄伟的山岭之一，比邻近高峰高出近 2500 米。它的伟岸雄姿作为华盛顿州的标志，出现在许多器物上。站在山顶向四周瞭望，只见 1500 米以下的景色全部隐没在雾海之中，只有较高的山峰有幸探出一角，仿佛海中的浮岛。雷尼尔山山顶终年积雪，拥有除阿拉斯加以外最大的单一冰川以及最大的冰川系统，27 道冰川向四周喷射而出。由于太平洋吹来的东风湿度较高，地球上有史以来全年最大的降雪就出现在这里。这使得雷尼尔山富有神秘色彩。

　　此山植被分布明显，山麓和低坡生长着针叶林（冷杉、松等），茂密的原始森林如同一座绿色的大伞，庇护了小山雀、黑熊、松鼠等。而每年 30 多米的降雨量，滋养了一望无际的西部山地铁杉和大侧柏。美丽的湖泊瀑布与森林交错，如同镶嵌的宝石。当海拔升至 2600 ~ 2800 米时变成高山草甸，再高处是永久的积雪和冰川。每逢夏季，融化的冰雪注满溪流，漫山遍野开满鲜花，猿猴花、金凤花、山赤莲、火焰草、紫苑和羽扇豆，绽放着生命的美丽，形成一处绚烂的花海。在雷尼尔山壮阔的雪峰之下，生活着高山羊、黑尾鹿、黑熊和海狸等野生生物。

天堂

　　位于雷尼尔山西南方的朗迈尔山的北面，高约 1402 米。这里有美丽的山景、潺潺的溪水、精美的瀑布、明镜般的湖泊。在"天堂"的南边和西南边分别是倒影湖和那拉达瀑布。在"天堂"的更北边是著名的天堂河和尼斯卡利冰川。

日出

　　位于雷尼尔山北部，是园内海拔最高的景点。在此可以欣赏到壮丽的冰川，眺望秀美的贝克山和浩瀚的太平洋。对大自然生态感兴趣的朋友，可以在这一带寻找野生动物的踪迹。

TIPS

📍 **地址**　位于华盛顿州西部，西雅图的南面，距塔科马市东南约 80 公里。

↻ **交通**　从西雅图出发沿 5 号高速公路南下，再接706 号公路东行，大约 2 小时即到。

📍 **贴士**　登山有难度，没经过专门训练不要轻易尝试。

雷尼尔山是美国最高的火山，拥有除了阿拉斯加以外最大的单一冰河以及最大的冰河系统，拥有地球上有史以来全年最大的降雪量，但这里的春天，同样繁华而绚烂

雪兰多国家公园 SHENANDOAH NATIONAL PARK   **045**

最美理由／
　　顺着蜿蜒的蓝岭公路一直向北，就到了丹佛歌中接近天堂的地方——著名的雪兰多国家公园。这里风景秀丽，绿树成荫，山花烂漫，是美国人远离都市生活的一大乐土，公园的主要地貌特征是山谷及森林地型。美景相伴的山间栈道，大量的野生动物，色彩斑斓的花草树木……会令人产生一种回归自然的美妙感。每到秋天，漫山遍野的树木展示着丰富多彩的颜色，绚丽多姿，连绵百里，无与伦比的辉煌。

最美季节／9～11月
最美看点／天际线公路、月牙石、大草地
最美搜索／弗吉尼亚州

雪兰多国家公园是850多种野花的温柔之乡，若你在每年的五月初的野花周末节选择天际线公路驾车进入公园，会仿佛飞扬在起伏奔腾的花海之上，景色相当壮观

　　雪兰多国家公园（谢南多厄国家公园）建于20世纪30年代。公园狭长，南北长约170千米，东西宽只有数千米。一条70年前开辟的公路纵横南北，称为天际线公路，海拔在900～1200米，在山顶曲折蜿蜒。它离首都华盛顿很近，还是有着很特殊的意义。当时世界处于经济大萧条时期，富兰克林·罗斯福总统为了提高民族的自信心和凝聚力，亲自去雪兰多山谷和天际线公路视察露营，极大地鼓舞了当时国民那种低落的情绪。

　　崇山峻岭中蜿蜒的天际线公路两边有很多高耸入云的原始乔木，它们柔韧异常，树冠

直伸到离地几十米的高空中，傲立寒风而无怨无悔，特别是那些长于荒石之中的，依着峭壁耸天而立，悠悠千百年，让人直叹生命的顽强和不屈不挠。公园里生长着很多种动物，以小鹿最为常见，还有其他较珍贵的动物，包括黑熊、红色背脊的火蜥蜴、公主蝴蝶、盒状乌龟等。常有游客在驾驶时看到黑熊大摇大摆地通过公路。

天际线公路

南北纵穿雪兰多国家公园的公路，全长169千米。1939年竣工通车，是为了配合公园的开发而建设的，公路由最北端的前端小镇绵延至最南端，由于开设在山脊，每到云层下降时，开车经过地平线公路，行驶感觉犹如腾云驾雾一般，因而得名。穿山而过的公路边多有观景台可以放眼眺望周围的谷地和山峦，视野开阔，常有觅食的小鹿会在路中出现。

月牙石

位于天际线公路70.8千米处，是雪兰多国家公园最著名的眺望景区。月牙石是一座天然形成的大平台，是观赏日出与日落的最佳地点。游客常集中于此，一起迎接新的一天来临，抑或欢送红彤彤的太阳消失于地平线。

大草地

位于天际线公路82千米处，因有一大片野生草场而得名，常有鹿群在此出没，是与动物亲近接触的最佳场所。日落前1小时左右，成群结队的鹿在此觅食，游客可以拍照留念。漫步于大草地，身边不时有小鹿抬起头注视着游人，温柔的眼神似乎也在欢迎游客的到来。

TIPS

📍 **地址**　位于弗吉尼亚州，距离华盛顿仅约2小时车程。

📍 **贴士**　1. 切记在公园里不能喂食野生动物，否则会被处以高额罚款。
2. 野生草地野地里蚊子和虫子很多，需带上驱虫药。

雪兰多国家公园游人较少，但正因为如此，才保留纯粹乐活的自然风韵

大盆地国家公园 GREAT BASIN NATIONAL PARK 046

最美理由 /

大盆地不是盆地，而是由百余个高山峡谷组成。在这沙漠环绕的公园中，拥有美国地质学上最迷人的地貌穴盾、最神奇的植物狐尾松，还有史前人类留下的岩画。蛇山为大盆地增色不少，惠勒峰是内华达州第二高峰，美丽的雷曼地下溶洞更是一个壮观瑰丽而又错综复杂的迷宫仙境。

最美季节 / 四季皆宜

最美看点 / 蛇山、惠勒峰、狐尾松、雷曼地下溶洞

最美搜索 / 内华达州

高山冰河溶洞是大盆地国家公园最动人的景观，也许你很难想象，在如此艰苦的自然条件下史前时代的人类竟然在此居住了相当长的一段时间，还留下了精美的岩画

大盆地国家公园建于 1986 年，占地约 312.4 平方千米。盆地这个名字来源于更广大的地方，它包括内华达绝大部分和犹他州西部区域形成的高原盆地，确切地说应该是科罗拉多高原盆地。

蛇山

蛇山在一片平坦的沙漠中突兀而出。它属于大型断块山，这样的山脉园内有 100 多座，为沙漠增添了起伏感。蛇山周边是低地，生长着蒿属植物和杂酚油木，年降水量仅为 25 厘米左右，蛇山高海拔区域的降水量却是低地的 3 倍，所以草木茂盛。

惠勒峰

海拔 3981.6 米。通向惠勒峰顶的小路蜿蜒曲折，穿越 8 千米的崎岖路段，爬升高度达 914.4 米。随着山路的攀升，周边的植被由耐旱的矮松和杜松林变成云杉、松树和山杨的高海拔区域植物。

狐尾松

公园的大道只能到达 3048 米的高度，然后有一条小道通往狐尾松林。这是世界上现存最古老的树木，树龄逾 4000 年。狐尾松树干虬盘，多节瘤，树皮经受了万古风霜，颇显沧桑。这个地区曾覆盖着一片更新世时期的森林，现存的狐尾松只是当时森林的遗迹。这些狐尾松在极端恶劣的气候下顽强生存，是严酷环境下的幸存者，即使大部分的树干和树枝都枯死了，仍靠着仅有的一点水分维持着生命。在 1964 年，这里有棵名叫普罗米修斯的树被砍倒，年

轮显示它已存活了 4844 年。这棵树历史久远，比人类早期历史上的任何名人都出现得更早。

雷曼地下溶洞

位于惠勒峰低坡上，海拔约 2072.6 米。这里是一座由地下通道和洞室组成的大迷宫。洞内十分曲折，满是格状石柱、波状石幔帐、卷曲石、钟乳石和地下水塘。完美地呈现了钟乳石、石笋、雕刻石柱、石帘、蘑菇状岩层等溶洞景观，有的如达摩克利斯之剑，有的青面獠牙，狰狞可怖。

溶洞最具代表性的是穴盾。这是一种奇特而美丽的岩石形成物，在洞中非常密集。洞顶裂缝里渗出富含矿物质的水，水中的沉淀物呈扁圆状，这样就在裂缝处形成了大而少见的盘状物，即为穴盾。这些穴盾从洞顶、地面和洞壁上长出，生长角度奇特。那些沿着中央岩缝生长的穴盾，上面可能还点缀着爆米花状的小石头和卷曲石。为了保护溶洞的环境，洞里的灯光很暗，为游人的神奇烛光之旅增添了几分神秘色彩。山洞的国家纪念碑建于 1922 年 1 月 24 日。

夏威夷火山国家公园 HAWAII VOLCANOES NATIONAL PARK   **047**

最美理由 /
　　世界自然遗产夏威夷火山国家公园拥有世界上最大的两个活火山，如两座巨塔矗立在太平洋上。在这里可以欣赏火山口那袅袅的白烟、火山爆发形成的熔岩流，以及巨大的火山口，美得令人惊心动魄。尤其是当夕阳西下时，遥望那喷吐着烟雾的银灰色火山口，就像一个抽着烟斗的男人沉思的侧影。

最美季节 / 四季皆宜

最美看点 / 冒纳罗亚火山、基拉韦厄火山、哈雷茂茂火山口

最美搜索 / 夏威夷州

从郁郁葱葱的热带雨林到火山沙漠，从白雪皑皑的山峰到美丽的黑沙海滩，无论你正寻找浪漫的大道或探索惊险的小径，夏威夷火山公园都会让你乘兴而来，满意而归

　　夏威夷群岛由 130 多个岛屿组成，如大珠小珠散落在浩瀚的太平洋上。它是马克·吐温笔下的"宁静胜地，美丽国度"。性感的沙滩、粗壮的椰树、妩媚的美女、精致的美食、浓郁的鸡蛋花香、悦耳的四弦吉他小夜曲、"阿罗哈精神"……组成了夏威夷极富韵致的美景。其中的夏威夷火山更使美丽的海景有了生命力。夏威夷火山国家公园建于 1961 年，面积 929 平方公里，由基拉韦厄和冒纳罗亚两座现代活火山组成。火山熔岩注入冰凉的海水，受

到浪潮的推挤，不断冲击着岩石和暗礁，逐渐形成了夏威夷岛举世瞩目的黑沙滩海岸，这也是火山景观之一。火山公园里有茂密的热带雨林，生活着蝙蝠、夏威夷雁、大鹰、乌鸦、夏威夷白腹水鸟等动物。

冒纳罗亚火山

位于夏威夷群岛中部，海拔 4165 米，呈圆锥形。它是由一次次熔岩流堆积而成的山峰，最美妙的是那精致的圆顶上有时会覆盖白雪，仿佛一顶高贵的礼帽。这座火山是从 6000 米深的太平洋底部耸立起来的，从海底到山顶高度超过 1 万米，比珠穆朗玛峰还高。游客们可以登顶欣赏这座雄奇的火山，白雾袅袅，恍若仙境。

冒纳罗亚火山在过去 200 年里喷发过 35 次。火山喷发时，大量熔岩不断从大火山口"莫卡维奥维奥"（意思是"火烧岛"）中倾泻而出，熔岩不断壮大山体，成为塑造火山的"伟大的建筑师"。1959 年 11 月火山喷发时，沸腾的熔岩从一个 1.5 千米的缺口处喷射，持续了一个月时间。当时岩浆喷出的高度超过了帝国大厦。熔岩流程 50 多千米，一直注入大海，使大海沸腾起来，海面上漂浮着许多"烤鱼"。最近一次喷发是在 1984 年 4 月，喷发前火山上空出现了巨大热浪，滚滚乌云、电闪雷鸣与倾盆大雨接踵而来。熔岩向夏威夷首府檀香山的方向流泻，为了改变流向，美国政府调用军用飞机进行了轰炸，场面举世罕见。

基拉韦厄火山

坐落在冒纳罗亚火山的东南侧，海拔 1243 米。它的山名意思是"吐出许多"。基拉

夏威夷火山至今仍然在不断爆发，仍然继续为夏威夷大岛增添崭新的土地

韦厄火山在 30 年中曾喷发过 50 次，其中从 1983 年年初到 1984 年 4 月居然发生了 17 次火山爆发，活动之频繁世界罕见。相传是为了迎接居住在夏威夷火山的女神佩蕾每次远游归来。火山爆发时岩浆像喷泉一样四处飞溅，狂野奔腾。那金黄色的巨流如决堤的洪水倾泻而来，势不可当。最著名的喷发是熔岩抛向空中达 90 米，最高达 503 米，然后又如一条红色的河流，顺着山丘流动。

哈雷茂茂火山口

传说中火山女神佩蕾居住的地方，当地人在火山口边缘供奉着献给女神的食物和鲜花。这个火山口是火山爆发撞击后形成的坑洞，好像谁有意在地球上挖的大洞，又像是干涸的大湖。火山口直径约 800 米，深 300 米，偶尔冒出白色的烟雾，让人不禁赞叹大自然的伟大。

美国最美的自然景观 　Chapter ④

　　旅程带给人们的不仅仅是秘境中美丽的风景和神奇景观，还有动人的面孔和未解的谜团，既然美国的历史只有数百年，人文故事，便不再成为探究自然景观的唯一入口。因此，你的行走，也许可以保留一种更舒适的姿态，让绚丽声色之旅中一个个微小别致的瞬间点滴，打动你、吸引你、诱惑你、启发你，让你无法自拔地爱上这片土地。

密西西比河 MISSISSI PPI RIVER   048

最美理由 /
水流湍急、涵涌澎湃的密西西比河为美国提供了丰富的资源，可以说是美国的生命之父。它发源于巍峨高耸的落基山峻岭之中，自北向南纵贯美国大平原，灌溉了数百平方千米农作物，为美国大地的富饶多产做出了重要贡献。其周边衍生的动植物种类繁多，上中下游及三角洲的景色各异，它用其宽广豪迈的身姿庇护了美国这片神奇的土地。

最美季节 / 3 ~ 6 月底
最美看点 / 密苏里河、明尼苏达河、三角洲
最美搜索 / 威斯康星州、伊利诺伊州、密苏里州、阿肯色州、密西西比州、路易斯安那州等

壮阔浩瀚的密西西比河，是美国的母亲河，也是数百年美国历史的见证者

　　密西西比河是北美地区最大的河流，也是美国最大的河流。它同亚马孙河、尼罗河以及长江并称世界四大长河。密西西比河全长 6020 千米，起源落基山脉，注入墨西哥湾。这条奔腾咆哮的大河抚育了无数居住在密西西比河流域的人们，被当地人温情地称为"河流之父"。

　　密西西比河在其绵长的流经途中，灌溉了美国 1/3 以上的土地，也为上千万美国人提供了饮用水来源。美国人深深地感知到密西西比河对他们的宽厚恩赐，经过合理开发利用，沿河两岸一片郁郁葱葱，一座座朝气蓬勃的工业城镇日新月异。载满货物的大型船队在河上行驶，急速行驶的小型游艇带领无数游客饱览

密西西比河沿岸风光。密苏里河、明尼苏达河以及三角洲的美景都是极佳的观赏大河之地。

密苏里河

密苏里河是密西西比河最长的支流。位于北美洲中西部，源自落基山区的黄石国家公园附近，全长 4300 多千米。密苏里河流经落基山地，穿山越岭，蜿蜒曲折，高低落差的水面位置形成了众多风景壮美的峡谷。最大一处落差有 187 米，位于大瀑布城，水流落下如同万马奔腾，也形成了一处著名的急流大瀑布。

明尼苏达河

明尼苏达河源头出自近南达科他州边界的大石湖。河水向东南流，折向东北，于圣保罗对面的门多塔注入密西西比河，全长 534 千米。明尼苏达河灌溉着富饶的农业地区，河流经过西部门户城市圣路易斯，其全美著名地标就是建立在河畔高耸入云的巨大钢构拱门——圣路易斯盖特韦拱门，风光秀丽的密西西比河中游支流明尼苏达河宛如一条玉带从这座雄伟壮观的拱门脚下流过，给城市增添了多姿的景色。

三角洲

三角洲因其地势平坦，水流减缓而逐渐形成了许多沼泽。美国最为繁忙的新奥尔良港口就位于三角洲之上，这里物产丰富，动植物种类繁多，植被茂盛，气候温和，为水禽提供了极佳的生存栖息条件，大量候鸟都在迁徙途中于此停留休息，再度挥舞翅膀上路，百鸟一起飞向天空的壮观景象被当地人称为"飞行之路"。

随着淘金者的脚步沿着密西西比河行走，也许，你的心灵会穿越时空，听到曾经黑奴幽怨的歌声

五大湖 THE GREAT LAKE   049

最美理由 /

　　北美洲中东部的五大湖——苏必尔尔湖、密歇根湖、休伦湖、伊利湖和安大略湖——是地球上的最大自然奇观之一，它是世界上最大的湖群，也是世界上最大淡水水体。湖面时而风平浪静，时而波涛汹涌。飞溅直下的尼亚加拉瀑布在安大略湖与其他四湖之间形成了一座虚幻的屏障。五大湖沿岸风景宜人，丰富的

鱼类又吸引了无数的鸟类在此地栖息，越冬时的鸟群迁徙也成为此地一道独特的风景线。

最美季节 / 4 ~ 9 月底

最美看点 / 苏必尔尔湖、休伦湖、密歇根湖、伊利湖、安大略湖

最美搜索 / 明尼苏达州、威斯康星州、密歇根州、俄亥俄州、宾夕法尼亚州、纽约州等

五大湖的风景灿烂纯净，当你停留在这里，最简单完美的幸福，就是携着爱人的手，倾听湖水的气息和浪花的拍击声

　　加拿大与美国交界处，依次散落着五座湖泊，它们便是闻名于世的世界五大湖，由北至南依次为苏必尔尔湖、密歇根湖、休伦湖、伊利湖和安大略湖。湖水流向自西向东，最终注入大西洋。其中苏必尔尔湖是全世界最大的

淡水湖。

　　五大淡水湖的形成原因主要是附近冰川的消融。这里动植物种类多种多样，常有银鸥、环嘴鸥以及燕鸥在这里捕食水中生物，迁徙季节也是许多候鸟的中转站，越冬时节，大批摄

影爱好者集中于此，拍摄上万只鸟类飞翔的壮观场景。

苏必利尔湖

苏必利尔湖是北美洲五大湖最西北和最大的一个，也是世界最大的淡水湖之一。湖东北面为加拿大，西南面为美国。1622 年法国探险家发现了这里，湖名取自法语，意为"上湖"。湖中主要岛屿有罗亚尔岛、阿波斯特尔群岛、米奇皮科滕岛和圣伊尼亚斯岛。苏必利尔湖水质清澈见底，沿湖树木茂密，景色宜人，常有摄影爱好者慕名前来观光取景。

休伦湖

为北美五大湖中第二大湖。7 月是休伦湖的黄金季节，郁郁葱葱的树林配上深蓝色的湖水，以及在高空飞翔的洁白海鸥，体现出一派旺盛的生命力。

密歇根湖

在北美五大湖中面积居第三位，是唯一一个全部属于美国的湖泊。该湖与休伦湖相通，岸边以睡熊沙丘国家湖滨区的沙丘著名。湖区气候温和，是难得的避暑地。密歇根湖中多鳟鱼、鲑鱼，游客来此，一边欣赏湖光美景，一边垂钓，尽享休闲之乐。

伊利湖

伊利湖的湖水是五大湖中最浅的，湖面时而平静得如同一位典雅悠闲的少妇，时而狂风四起、电闪雷明、巨浪滔天。突如其来的暴风雨常形成自然奇观，伊利湖也因此得名。伊利湖湖岸低矮，沿岸却一派湖光山色，稻田与小屋给人一种悠闲自得的感觉，让人不忍离开。

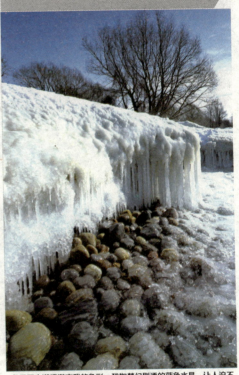

TIPS

📍 **地址** 位于北美洲中东部，美国和加拿大的交界处。

📍 **贴士**
1. 密歇根湖岛屿娱乐项目冬天关闭。
2. 观赏五大湖全景需进入加拿大境内。
3. 五大湖景区较大，游客要提前做好日期规划。

冬日五大湖透澈忘我的色彩，犹如梦幻剔透的蓝色水晶，让人迫不及待想投入其中，又怕惊扰它宁静深邃的美

安大略湖

北美洲五大湖最东和最小的一个，北为加拿大，南是美国，大致呈椭圆形，著名的尼亚加拉大瀑布上接伊利湖，下灌安大略湖，两湖落差 99 米。水量丰富的尼亚加拉河经此落差，骤然下落，水势澎湃，声震如雷，是美洲大陆的奇景之一。

大瑟尔 BIG SUR　　　　　　　　　　　　　050

最美理由 /
　　从美国西海岸的圣弗朗西斯科（旧金山）市沿着1号公路向南行，有段145千米的盘山路，这一带是整个北美洲离海最近的山、最陡峭的地方，号称世界上山脉和海洋接触最美丽的览胜角度。它的美是一种绝美：海湾胜景、浪漫清幽的滨海卡梅尔镇、加州最豪华的城堡——赫斯特城堡、高大而长寿的红杉树……它的美还在于一种危险：公路蜿蜒曲折狭窄，多急弯、地势顺着山峦忽高忽低。身边常是悬崖深海……它的美在于一种变幻：时而是青翠山岭，时而是浩瀚海洋、时而乱石滩流、时而牛羊漫步……大瑟尔是自然馈赠给人类的圣域。

最美季节 / 四季皆宜

最美看点 / 菲弗沙滩、红杉树国家公园、滨海卡梅尔镇、毕克斯比大桥、象海豹

最美搜索 / 加利福尼亚州

陡峭的石壁、蔚蓝的大海、金黄色的沙滩、汹涌的海浪，大瑟尔，永远透着一种从未被践踏过的，令人凝神屏息的自然之美

　　大瑟尔有着最令人难忘的海洋景观："到处是大块奇形怪状的岩石，它们中间尽是空洞，海水在它们四周和里面呼啸着，冲击出泡沫，响亮地击打着沙滩，沙迅速沉降……"（杰克·克鲁亚克·大瑟尔）行车于悬崖绝壁与广阔大洋之间，几百公里路途美得让人心灵震颤。

菲弗沙滩

　　这是个让人惊艳的沙滩！由于沙子含有丰富的锰，呈现出深浅不一的紫色，它们与普通的黄、白色沙砾混合在一起，调出了五颜六色，世间罕见。

赫斯特城堡

　　美国传媒大亨威廉·赫斯特在圣西蒙山麓留下了一座修筑历时28年的豪宅——赫斯特城堡。城堡坐落于加利福尼亚州圣西蒙海拔近500米的迷人山岗上，这里可以俯视脚下起伏山丘和远方的大海。城堡内古希腊神庙格局的游泳池、西班牙大教堂风格的主楼，以及收

藏无数珍宝的大客厅，造型均精致华贵，极显奢华之能事。当年，数位美国总统、英国首相丘吉尔、作家海明威和萧伯纳，都曾是赫斯特的座上客。著名明星马里昂·黛维斯还曾在此拍摄电影。

滨海卡梅尔镇

位于蒙特雷半岛，是一个情调优雅的海滨小镇。1904 年，一群艺术家和作家创立了小镇，因此，这里充满了浓郁的艺术气息。走进小镇如同步入如梦似幻的唯美建筑花园。滨海大道周边的小店独具风格，许多都是由艺术家开办的出售精心设计、世上独一无二的商品。有童话般的糖果屋，外表朴实的海鲜餐厅，美得无法形容的橱窗，一步一景，波希米亚风情、莎士比亚风格、甜美田园风光……应有尽有。那些看似死胡同的羊肠小巷也不要放过，一定去走走，里面躲藏着让你惊喜不已的小店。若要领略小镇的精髓，最好能挨个逛店铺，尤其是那些画廊，将打开你的想象空间。滨海大道尽头便是卡梅尔海滩，躺在沙滩上听涛，白沙、海浪、落日，情景十分动人。

赫斯特城堡，是大瑟尔的传奇，现代的文明，和大自然的景色形成鲜明而奇特的反差

TIPS

📍 地址　位于加利福尼亚州中部自蒙特雷至圣西蒙的海岸。

清晨的大瑟尔海滩，除了鸟的叫声外，在你周围环绕的，就是弥漫着蓝色雾霭中的清新空气

毕克斯比大桥

建于 1932 年，大瑟尔的知名地标。桥跨越毕克斯比溪，在海岸山脉上挖凿出来的一个小峡谷之上，人工造型与自然海天背景搭配绝佳。桥面离海面有 80 余米，在阵阵浪涛声和扑面而来的清冷海风的冲击之下，让人感觉高贵而冷峻。

象海豹

白石角是一个伸向太平洋的突兀石角，这里有座 19 世纪的灯塔。海滩上栖息着象海豹。它们懒懒地趴在沙滩上酣然大睡，肥软的身躯像一堆软塌塌的布袋。棕黑色的皮毛跟海滩上的黄沙混同，只是在仰卧或侧卧时露出白白的肚皮。

尼亚加拉瀑布 NIAGARA FALLS　　　　051

最美理由 /

　　举世闻名的尼亚加拉瀑布是世界三大瀑布之一，它以其磅礴的气势、丰沛的水量而著称，是北美最壮丽的自然景观。尼亚加拉瀑布由马蹄瀑布和亚美利加瀑布两部分组成，一面是宏伟壮观，一面是轻柔宽广；白天与夜晚又呈现出不同的景观。它一直吸引着世界各地的人们到此度蜜月、走钢索横越瀑布或者坐木桶漂流瀑布。总之，人们想千方百计地接近瀑布，感受它的气度。瀑布附近的峡谷、公园、博物馆也同样值得一游。

最美季节 / 春、夏、秋季
最美看点 / 马蹄瀑布、亚美利加瀑布、彩虹桥、"雾中少女"号游船、维多利亚女王公园
最美搜索 / 纽约州

水是尼亚加拉瀑布的灵魂。奔腾的瀑布流水如银河天降，气势磅礴，冲进谷底时发出惊天动地的轰鸣声，气势非凡

　　尼亚加拉瀑布跨越美加两国，高特岛又把瀑布分隔成两大部分：靠近左岸的是加拿大瀑布（马蹄瀑布），右岸的是美国瀑布（亚美利加瀑布）。游客可经陆桥由美国一侧通往高特岛，再乘坐电梯至瀑布底部，参观水帘后方的风穴。

加拿大瀑布（马蹄瀑布）

　　高达56米，岸长约675米，形如马蹄。瀑布水量丰沛，从50多米的高处，携磅礴气势直冲而下。那声音如雷霆万钧，震耳欲聋。溅起的浪花和水汽，有时高达100多米，在阳光下营造出一道七色彩虹。在瀑布自然景观上点缀人工灯光，则呈现出另一番奇景，也是世界名瀑中独一无二的特色。加拿大瀑布晚上水流较小，灯光照去，看得更为清晰。随着灯光颜色的变换，水色由白转为浅红，转为浅蓝，再到翠绿，多姿多彩。水珠自天倾泻，飞珠溅玉，跳跃欢歌。

美国瀑布（亚美利加瀑布）

高 58 米，宽 320 米。宽广细致如新娘的婚纱。由于湖底是凹凸不平的岩石，因此水流呈旋涡状落下。这里是情侣幽会和新婚夫妇的蜜月胜地。晚上用彩灯去照射瀑布，大小瀑布颜色不一，赏心悦目。夜晚，在来到尼亚加拉瀑布处，人们可以从多种角度欣赏亚美利加瀑布的夜景的风采。

著名的瀑布观景点

前景观望台

高达 86 米。人们爬上高台可将瀑布一览无余。

风岩

在山边崎岖小路上，算是站在瀑布脚下了，是仰视瀑布倾泻的好角度。

彩虹桥

在尼亚加拉河上的彩虹桥也为美加两国共有。桥上可以看大瀑布的全景。据说拿破仑的兄弟曾来尼亚加拉瀑布度蜜月，因此彩虹桥又获得"蜜月小径"的美称。

"雾中少女"号游船

可乘船在尼亚加拉河上仰望瀑布。游船由亚美利加瀑布开往加拿大瀑布，乘船来此可以切身体验到瀑布狂泻直下的景观，以及巨大水汽与浪花拂面的感觉。

施格林瞭望塔

加拿大境内有 3 个登高观看大瀑布的高塔，这是其中之一。它是加拿大 CP 旅馆系统最高的塔楼，高达 160 米。通往塔顶瞭望台的电梯有一半镶着玻璃，可以在电梯升降的同时欣赏风景。白天看瀑布是波澜壮阔的场面，夜

TIPS

📍 **地址** 北美东北部尼亚加拉河。位于加拿大安大略省和美国纽约州的交界处。

📍 **贴士** 这里有银质的枫叶模型的襟章、细珠穿成的"花钟"项链。

晚则被五颜六色的灯光照射。从高处观赏瀑布的方式包括搭乘直升机、热气球和西班牙高空车。

西尼克隧道

加拿大境内。搭乘电梯降到地下，沿着两条很长的隧道来到突出的平台上，欣赏加拿大瀑布的正侧面，瀑布在这里触手可及。

周围其他景点

尼亚加拉瀑布博物馆

彩虹桥旁边，建于 1827 年，是北美历史最悠久的博物馆之一。里面展示了美洲早期的史迹，古代的武器与石器，有雀鸟的标本，古埃及的木乃伊，超过 15 米长的鲸鱼骨骼。里面还有来自加利福尼亚红杉林的世界最大红杉。

维多利亚女王公园

位于加拿大境内。这里林木茂盛，风景醉人，有一个百年紫丁香花园。秋天层林尽染，万紫千红。公园斜坡上有世界第二大"花钟"，面积达 100 多平方米。钟面用了 2.4 万种花卉植物，字母由黄色花朵构成，中间的各种鲜花组成美丽的图案。花卉图案随季节而变换。水力发电厂传送的电力推动粗大的钢条制成的时针、分针和秒针，每刻钟都会准时作响，声音悠扬悦耳。

阿拉斯加 ALASKA   052

最美理由 /

　　跨越北极圈的阿拉斯加是美国面积最大的州，这里有终年白雪覆盖的群山，壮美秀丽的冰河峡湾，宜人的气候，多样的生态环境，吸引了大批游客来此地欣赏大自然奇特的美景。狗拉雪橇是阿拉斯加独有的体育项目，拥有高傲血统的阿拉斯加犬在结冰的小河上狂奔，迎面寒风凌厉，刺骨的滋味令人难忘；地球的奇迹之作极光在夜空下舞蹈，变化出万千造型，使人目不暇接！

最美季节 / 6 月底～9 月初

最美看点 / 卡特迈国家公园、冰川湾国家公园、费尔班克斯

最美搜索 / 阿拉斯加州

当圣洁的光芒照耀在无垠的白雪上，当起伏的高山在冰原上投射出纯情倒影，阿拉斯加冰封的大地，仿佛在刹那间凝固成气势恢弘的绝美画卷

　　阿拉斯加可谓是美国的边疆城市，它是最后一个加入美利坚合众国的州。1867 年，美国自当时的俄国手中以 720 万美元的极低价格买下阿拉斯加，当时除了淘金客外，没有人会想到阿拉斯加这个名字；也因为淘金客与其家人的冒险进入，阿拉斯加的壮丽美景才有机会展现于世人面前。这里地形奇特，风景秀美，冰山与茂密的树林交相辉映，令人眼花缭乱。

　　坐在邮轮之上欣赏阿拉斯加两岸的美景已经成为当地热门的旅游项目，航道两岸的群山逐渐被更多的冰川所覆盖。冰雪消融之声在午夜传来，如同远古巨人的呼吸，在船舱外的平台上可以看到两岸森林静静地舞动，午夜依然不落的北极光把幽静的远山框到了一幅美丽的图画中，时间仿佛也在这美好的夜晚凝固。每年 10 月～次年 3 月，是阿拉斯加狗拉雪橇比赛的旺季，几乎每个城镇在周末假日都举行地区性比赛，从儿童到大人依年龄分成数个级别，举行不等公里数的越野计时赛；3 月底则进行全阿拉斯加地区总决赛，而安克雷奇更举

行国际赛，吸引全世界雪橇爱好者来此参加比赛。

卡特迈国家公园

该公园最初只是国家纪念碑，建于1918年，保存有103.6平方千米的诺瓦拉普塔火山喷发形成的熔灰流。园内因万烟谷和棕熊而闻名。游客在这里可以欣赏到奇特的火山遗迹以及遍布野生动物的广袤森林。

观鲸

阿拉斯加大部分地区一年中有八到九个月的时间被冰雪覆盖。夏天，无数的灰鲸会从加州向北迁移到阿拉斯加的东南海岸，凯奇坎（Ketchikan）的鲸鱼口是最适合观看灰鲸、驼背鲸和杀人鲸。驼背鲸一般体型在十几米长，在游动的过程中喜欢把背部拱起，然后在下沉的时候尾部自然上翘，所以很适合人类欣赏。鲸下潜的时候很奇妙，巨大的尾巴如电影镜头一样缓缓举出海面，尾巴带起的水如小瀑布一样从各个角度泻下，然后那扇面一样的尾巴一点点消失。碧蓝的海水，晶莹的冰川，翱翔的秃鹰，撩起海浪的鲸尾，打造出在天空中和海洋间的冰雪世界，既纯净又浪漫。

费尔班克斯

阿拉斯加神奇极光的最佳观赏地，拥有"北极光首都"的美称。一年之中有超过200天的极光现象。极光发生在费尔班克斯80千米以上的高空，在出现点点繁星的晴朗夜空即可看到极光。在黝黑的星空背景下，像一条大布幔般的极光可从远方快速逼近，通过头顶上方再再消失于地平线的另一侧，变幻万千的造型秀令人目不暇接。

TIPS

📍 **地址** 位于美国最北部，隔白令海峡与俄罗斯相望。

📍 **贴士** 1. 当地海鲜味道鲜美，多为生食，游客品尝不宜过多。

2. 阿拉斯加天气变幻莫测，阴湿多雨雪，所带衣物帐篷要有足够的防水性能。

狗拉雪撬越野大赛

阿拉斯加，吠叫的哈士奇、狗拉雪橇，在这个天寒地冻的世界里，还有什么能比这些更让人热血沸腾？在阿拉斯加一年一度的狗拉雪橇大赛已持续了1个多世纪。每年3月的第一个星期六，各地的越野爱好者都会带着他们的爱犬前来参赛。每支雪橇队由12到16只狗和驾驭者组成。当发令枪响起，拉着雪橇的狗便和它们的主人一起，以及沉重的装备，踏上历时10多天、行程近2000千米的征程。请不要以为这只是一项针对游客的娱乐活动，对无法亲身参加比赛的绝大部分阿拉斯加人来说，乘着哈士奇狗拖曳着狂奔的雪橇，是一种必不可少的生存技能！

羚羊峡谷 ANTELOPE CANYON   **053**

最美理由/
　　羚羊谷（Antelope Canyon）位于美国亚利桑那州 Page 镇附近，是北美印第安人最大部落纳瓦荷人的属地。走进羚羊峡，你会瞬间就从荒凉悲壮的沙漠荒野穿越到梦幻世界。老一辈的纳瓦荷族曾将此地视为静思与大灵沟通的栖息地。现在，这里已经被列为地球

上十大最奇特的地貌之一
最美季节/ 3～10 月
最美看点/ 羚羊谷奇特的地形、红色岩石抽象的线条、通过顶部缝孔穴倾泻而下的光柱、梦幻般的色彩在摄影师及发烧友的眼中简直就像神山宝殿
最美搜索/ 亚利桑那州

步入羚羊谷，你会仿佛面对一个个电脑才有的，以计算机软件制作的超现实主义场景，浓烈的色彩，流畅的线条，令人惊叹不已

　　羚羊峡是世界上著名的狭缝型峡谷之一，位于美国亚利桑那州北方，羚羊峡名字的由来有几个说法：一说是在 1931 年的某一天傍晚，一位名叫 Sue Tsosie 的 12 岁印第安小女孩，因为寻找一只小羊而发现了这处奇妙的峡谷；也有一说是因为以前这里经常有叉角羚羊的出没；还有一说是因为这个峡谷螺旋般的纹理与羚羊角的纹理相似。虽然其命名难以考

证，但这种奇特的地貌的形成，却可以用科学论证——在这片位于科罗拉多大峡谷上游的红砂岩地区，季候风的季节里常因暴雨引发洪水，暴洪急剧冲击砂岩中狭窄裂缝形通道，有较大的垂直侵蚀力，强水流形成的旋涡又回旋冲击砂岩造成曲折，经过百万年水和风的侵蚀，便形成了这种奇妙的狭缝形地峡。峡谷分上下两段，上谷地势比较平缓，而下谷高低起伏。步入其间，脚下是洪水带进峡谷的黄沙，举头两侧崖壁扭曲上升，偶尔露出一线天空，色彩绚烂，如梦似幻。

　　由于羚羊峡在印第安保护区内，并且以前是印第安人举行祈祷、祭神等大型活动的圣地，他们自己平时都不会擅入，所以自 20 世纪 30 年代发现后几乎都没有外人进入。直到 80 年代起才逐渐有个别美国人得到许可进入观赏。1994 年，羚羊峡的摄影作品引起极大轰动，游客开始大增。目前这里仍属于印第安人纳瓦荷族的保留地，由印第安人管理。

　　上羚羊峡谷

　　上羚羊峡谷在纳瓦荷语中称为"Tsebighanilini"

（意为"有水通过的岩石"）。由于谷地较广，且位于地面上，所以是游客最多的地方。由于地形限制，要进入上羚羊峡谷，在入口处必须停车步行在沙地上约 3 千米。过去保护区允许私人的四轮机动车进入，现在所有的游客都必须搭乘保护区的大型四轮机动动车，而且也取消了步行的许可，以免游客在烈日下步行发生意外。要想拍摄到最佳景象，其实也是有条件的：没有阳光时，岩壁呈暗红色；阳光直射时，岩壁泛白；而阳光经过多重的反射，岩壁就会出现金黄色。有时角度合适，透过岩缝阳光又会形成一道道光柱。所以这个地下奇迹里，在不同季节，不同时段，都会呈现千变万化的景像，置身其中，就像进入一个魔幻世界。

下羚羊峡谷

下羚羊峡谷在纳瓦荷语中称为"拱状的螺旋岩石"，全年只开放 3 个月。需要爬金属楼梯深入地下，中途还可能需要靠一些绳索才能走完下羚羊峡谷，由于其进入的难度比较高，游客较少，但受各国摄影师的垂青。下羚羊峡谷入口仅有一人宽，与地面同高，远看无法辨识。当你踏在谷底松软的沙地上时，便可逐渐看清这片由狭缝顶部透下光线打亮的地缝奇观：赭红色的岩壁带着明显的水流横切的痕迹，大片地凸起或凹进，犬牙交错，有时更是扭曲翻腾，千回百转。窄窄的光线从上面射下，奇妙的曲线，变幻的光影便形成一幅极美的画面。下羚羊峡谷的谷地变化较多，某些通道不足人高，可能会碰撞到头部，因此一定要格外小心。

TIPS

📍 **地址**　亚利桑那州 *Page* 附近。

羚羊峡谷摄影须知

羚羊峡谷是摄影师的最爱，然而，在峡谷中要拍出好的摄影作品相当困难，由于光线只从峡谷上缘进入且谷壁表面不平整，造成许多反光，摄影光圈相当不容易调整（通常需加大到 10EV 以上）。每年 3 月到 10 月是最适合摄影的季节，而每天中午 11 点至下午 1 点则是拍摄的最佳时间。进入该地必须有当地印第安导游陪同，乘坐印第安人的汽车，任何个人不能擅自闯入。

美国最美的人气地标　Chapter ⑤

　　都市旧痕、古典风貌、人文精萃、风流浪漫……即使你尚未驻足美国，也一定早对自由女神像、白宫、林肯纪念堂耳熟能详，但是，你是否能把握住它们不动声色下潜流激荡的脉动？当你停下来，沉下来，也许会发现，无论你曾经的印象是广阔的、深厚的，或是清澈的、宁静的，都只不过是一个稍纵即逝的侧影，繁华与沧桑，只有在时间流逝中沉淀。

自由女神像 STATUE OF LIBERTY 054

最美理由 /
　　自由女神像或许是北美洲甚至世界上最著名的雕像之一，一个多世纪以来，矗立在纽约港的自由女神像，已成为美利坚民族的象征，永远表达着美国人民争取民主、向往自由的崇高理想。1984 年，它被列入

世界文化遗产名录。
最美季节 / 4～7 月
最美看点 / 自由女神像
最美搜索 / 纽约州

自由女神俯瞰着纽约，也保护着纽约，这里拥有全球最灿烂的夜景，最壮观的天际线

　　自由女神像作为美国的象征，矗立在纽约市曼哈顿以西的自由岛上，她手持火炬，日夜守望着这座大都会，迎来了自 19 世纪末千百万移民。

　　自由女神像是法国在 1876 年赠送给美国独立 100 周年的礼物。像高 46 米，底座高 45 米，

是当时世界上最高的纪念性建筑。自由女神像全称为"自由女神铜像国家纪念碑"，正式名称是"照耀世界的自由女神"。整座铜像以 120 吨钢铁为骨架，80 吨铜片为外皮，30 万只铆钉装配固定在支架上，总重量达 225 吨。雕像锻铁的内部结构是由后来建造了巴黎埃

自由女神是"化整为零"的组装产物

众所周知，自由女神是由法国雕塑家巴特勒迪设计完成。然而，这个基座 47 米，像高 46 米，总高 93 米，重达 229 吨的巨大雕像并不是一次建造完成，而是以化整为零的建筑思想，将雕像在法国的工厂里分块铸造，比如有的做手，有的做脚，再合并至一起，在自由女神像成为美国自由的象征之前，其各个部分就曾成为"旅游点"，吸引大批游人前来观看，目前在法国，还保留着一批工人制造自由女神各部位的珍贵老照片。

菲尔铁塔的居斯塔夫·埃菲尔设计的。

法国著名雕塑家巴托尔迪历时 10 年艰辛完成了雕像的雕塑工作，女神像的形体以巴托尔迪后来的妻子为原型创作，面容则取自他的母亲。雕像的女神双唇紧闭，头戴光芒四射的冠冕，有象征世界七大洲及四大洋的

TIPS

📍 **地址** 位于美国东北部的纽约哈得孙河口的自由岛上。从市区到自由岛之间，每隔半小时有一班轮渡，来往非常方便。

🛏 **贴士** 1. 自由女神像内有 22 层楼梯，电梯可以到第 10 层，再沿旋梯爬 12 层，就可以到达女神像顶端的皇冠处的观景台。这里四面开着小窗，临窗俯瞰，纽约景色尽收眼底。

2. 自由女神像所在的自由岛旁边的埃利斯岛设有由移民审查站改建的移民历史纪念馆，馆内收藏记录了当年从这里进入美国的移民的身份证件、随身物品等历史资料。

七道尖芒。她身着古罗马长袍，右手高擎长达 12 米的火炬，左手紧抱一部象征美国《独立宣言》的书版，上面刻着《宣言》发表的日期"1776.7.4"字样。脚上残留着被挣断了的锁链，象征暴政统治已被推翻。女神气宇轩昂、神态刚毅，给人以凛然不可侵犯之感。而其端庄丰盈的体态又似一位古希腊美女，使人感到亲切而自然。巴托尔迪也因此而当选为纽约市荣誉市民和法国荣誉勋团指挥级团员。

自由女神像在法国建造完成，并于 1884 年 7 月 4 日美国国庆日时作为法国人民的礼物正式交给了美国大使。随后，女神像被拆散装箱，用船运往纽约，再在自由岛内，由美国政府出资并委托美国建筑师理查德·莫里斯·亨特设计了巨大基座。1886 年 10 月 28 日，纽约港内轮船汽笛长鸣，烟花绽放，在 21 响礼炮中美国总统格罗弗·克利夫兰亲自宣布自由女神像正式在美国落成。

华尔街 WALL STREET　　　　　　055

最美理由 /
　　提到曼哈顿，几乎没有人不知道华尔街。在人们眼中，这里已经是全美国经济的主动脉。华尔街银行上巨大的美国国旗向世人宣告着它的重要地位，大铜牛为这里带来了巨大的好运，华盛顿总统的雕像注视着美国经济的不断发展，旧式的摩天大楼记载着这里的辉煌。这条街道正在不断上演着财富神话，书写着美国金融业的传奇历史。

最美季节 / 4 ~ 7月
最美看点 / 三位一体教堂、华尔街铜牛、纽约证券交易所
最美搜索 / 纽约州

华尔街是美国资本市场和经济实力的象征，现在，绝大多数金融机构与这条 500 米长的街道不再发生直接的物理关联，华尔街人也完全成为了
一种精神归属

纽约市曼哈顿区南部从百老汇路延伸到东河的一条大街道便是全球知名的华尔街，这条街道窄而短，从百老汇到东河仅有 7 个街段。但就是在这不起眼的街道上，美国摩根财团、洛克菲勒石油大王和杜邦财团等均集中于此。著名的纽约证券交易所也在这里。

著名的三位一体教堂见证了华尔街的繁荣与衰退，"全世界金融中心"每天都上演着财富传奇，或一夜成名腰缠万贯，或股价大跌沦为乞丐。来此观光的游客无不带着敬畏的心情。华尔街虽然是个金钱至上的地区，但在这里竞相争出一片天的企业却不忘显示其艺术的一面，壁画与肖像随处可见，联邦储备银行外墙上画家秀拉的名画《周日午后的嘉德岛》、大通银行前广场雕塑家杜布费的作品《四棵树》，美国式的涂鸦作品也为这里增加了一丝轻松的气氛。

三位一体教堂

该教堂坐落于华尔街西口，历史上曾被焚毁 2 次，目前所见为第三座按原貌恢复的教堂。三位一体教堂尖顶直指长空，高达 84 米，曾一度是纽约最为高大的建筑物。游客可以通过教堂内部登上塔楼，欣赏纽约市全景。在教堂北侧的墓地里，长眠着联邦党领袖亚历山大·汉密尔顿，其原先的办公地点就在教堂对面。

华尔街铜牛

你来到华尔街必然要去和大铜牛合影留念，抚摸几下牛角以祈求带来好运。大铜牛是华尔街最重要的象征之一。该塑像是由意大利

电影《华尔街之狼》

好莱坞 2013 年年底的电影《华尔街之狼》，讲述了贝尔福特（莱昂纳多·迪卡普里奥饰演）的创业历程以及最后必然的失败。乔丹·贝尔福特（Jordan Belfort）是 20 世纪 80 年代传奇股票经纪人，被《福布斯》冠以"华尔街之狼"绰号。他从不聘请经验丰富的经纪人，而是招募自己的亲朋好友与二十多岁的年轻人来追随他无情的销售信条：卖出或去死。后因欺诈被捕。

人狄摩迪卡设计，身长 5 米，重达 6.3 吨。但当时因无许可证，摆放当天就被警察没收，几经交涉，于 1989 年迁移到了鲍林格林公园现址。

纽约证券交易所

这里是全纽约最繁忙的金融中心。交易所内设有主厅、蓝厅、"车房"三个股票交易厅和一个债券交易厅，是证券经纪人聚集和交易的场所，共设有 16 个交易亭，每个交易亭有 16 ~ 20 个交易柜台，均装备有现代化办公设备和通信设施。交易所外观仍然保持着旧式镀金时代的建筑特点，是纽约市最受欢迎的旅游名胜之一。

帝国大厦 EMPIRE STATE BUILDING　　056

最美理由 /

　　纽约帝国大厦落成于 1931 年，这幢建筑与许多世界之最分不开：102 层楼、443 米高，仅花了 410 天建成！它是世界建筑史上的里程碑。站在第 86 层和 102 层的观景台上可以俯瞰纽约全貌，晴天时的视野能远达 100 公里，眺望到 5 个州。帝国大厦是一座超高的办公楼，地处寸土寸金的曼哈顿岛最繁华地带，有许多国际大公司入驻，象征着美国的工商业文化。大厦内的墙壁采用来自多国、不同颜色的大理石装饰，极富特色。大厦每年一度的爬楼梯活动吸引着许多人，这里也是青年人举办婚礼和庆祝情人节的传统场所。

最美季节 / 4 ~ 7 月
最美看点 / 大厦彩灯、顶层
最美搜索 / 纽约州

《西雅图夜未眠》《北京遇上西雅图》……在帝国大厦取景的电影超过 100 部，每年，有近 400 万游客前来此地温习扣人心弦的浪漫剧情画面

帝国大厦建造时正处于20世纪30年代西方经济大萧条时期，因此，它成为美国经济复苏的象征。当年大富翁拉斯科布为了显示自己的富有，决心修建一座世界最高的楼房。帝国大厦主体楼高320米，再加上61米高的原塔及天线，总高度达到了443米。这一高度曾使它雄踞"世界第一高楼"宝座40余年，而且还是当时使用材料最轻的建筑。和大厦有关的数据都很惊人：6500扇窗户、73部电梯、1860级台阶，耗材33万吨，总建筑面积达204385平方米。当时全部造价4100万美元，加上后来的维修费，累计已达6700万美元。它的建造本身就是一个创造奇迹的过程：每周修建4层半楼，每天参加施工的人员高达4000人，全部工作量超过700万工时。

帝国大厦位于繁华的曼哈顿区，这里摩天大楼林立，但帝国大厦仍然显得与众不同，赫然屹立。它有900多个租位，许多国际性大公司以在帝国大厦有办公室为荣。大厦内还充分利用每一寸空间，设有酒吧、夜总会、博物馆等娱乐设施。尤其引人注目的是卡通博物馆，里面有来自世界50多个国家的20万件卡通作品。

帝国大厦和自由女神像一样同为纽约的标志。许多影片在此取景，如《西雅图夜未眠》《金刚》等经典电影。"金刚"与美女在帝国大厦楼顶同看日落的镜头也被奉为浪漫至尊。

人们对帝国大厦最感兴趣的还是它的高度，爬楼梯比赛30年来仍被人们所热衷。自1978年起，每年帝国大厦都要举行一次爬楼梯比赛，参加者从第1层登至86层，共1574级阶梯，参赛者乐此不疲。

大厦彩灯

帝国大厦上的第一盏灯原是一架探照灯，当年安装的目的是让80千米外的公众能知道罗斯福当选为总统。自1964年起，大厦上面30层的外表全部用彩灯装饰，通宵照耀。1984年，大厦顶层装上了自动变色灯，使大厦在黑暗中更加绚美。从2001年开始，帝国大厦在每年的中国春节期间都会点亮象征吉祥的红、黄彩灯。

顶层

1994年以来，帝国大厦的顶层成为纽约青年举办婚礼的首选地。在这里举行婚礼就能成为帝国大厦俱乐部的成员，每年情人节都可以免费重返帝国大厦。新人要写信给帝国大厦，阐述在此举行婚礼的理由，大厦工作人员根据申请人的情况和是否有原创性等条件，挑选出最佳人选。由于取得资格不易，新人对能在帝国大厦举办婚礼倍加珍惜。

纽约大中央总站 GRANG CENTRAL STATION　**057**

最美理由 /

　　建于1903年的纽约大中央总站是世界上最大的总站，最忙碌的运输建筑，全世界最大的公共空间。大中央总站拥有44个站台，有两层地下铁路，67条铁轨，是纽约铁路与地铁的交通中枢。整体建筑为一座布杂学院式建筑，具有极高的艺术性，挑高的候车大厅和人车分道的设计是其最吸引人之处。因此它不仅是纽约著名的地标性建筑，也是一座公共艺术馆。

最美季节 / 4 ~ 7月
最美看点 / 星空穹顶、吻室、秘密通道
最美搜索 / 纽约州

中央车站最初不仅仅是照着一个火车站来设计的，而是要建成一个集交通枢纽、店铺、办公楼和公寓为一体的城中城

　　美国纽约大中央总站占地约0.2平方千米，每天到站和离站的列车有500个班次，有50万人次进出使用。它是"一件华贵的建筑，曼哈顿中部最重要的一部分，工程上如一个天才的杰作"。运营近百年的中央车站，由美国铁路大王范德比尔特建造，1913年正式启用。它的落成，带动了附近许多饭店、办公楼、豪宅的涌现，使这里成为当时曼哈顿岛地价最高的地区，也带来了大众火车旅行的黄金时代。

星空穹顶

　　候车大厅主楼梯按照法国巴黎歌剧院的风格，最著名的是大厅的星空穹顶。原画是1912年由法国艺术家黑鲁根据中世纪的一份手稿绘制出的黄道12宫图，上有2500多颗星星，每颗星星的位置由灯光标出，当通电

时便会满眼熠熠生辉。最奇妙的是星空图所绘的天空与我们看到的完全相反。这正是黑鲁的天才构思，他是从上帝的视角俯瞰星空的，是从星空以外的世界看星空。由于是根据中世纪时期的星空图描绘，星空位置也和真实位置不同。20 世纪 30 年代后期，原画脱落而被重新绘制。

TIPS

⊙ **地址** 位于纽约市曼哈顿第 42 街。

🔊 **贴士** 纽约有世界一流的娱乐、多样化的饮食，是一处人间 "天堂"，不过治安不尽如人意。

吻室

吻室的原名是 "The Biltmore Room"。20 世纪三四十年代是铁路运输的黄金时期。当时从美国西海岸到东海岸的火车寥寥无几，远道而来的乘客们下车后，在 "The Biltmore Room" 与迎接他们的亲朋好友们拥抱接吻，从此 "The Biltmore Room" 被称作 "吻室"。

秘密通道

火车站下面有一个秘密通道。据说通道隐藏在某个月台下面，可以通过这个通道直达电梯，进入沃尔多夫旅馆（Waldorf-Astoria Hotel）。"二战" 时期，总统富兰克林·罗斯福因私事到纽约，为躲避记者，从中央车站下车后就顺这条秘密通道进入沃尔多夫旅馆。遗憾的是这个秘密通道没有对外开放参观，又为游客增添了几分遐想的神秘。

离地数十米的天花板上用蔚蓝色背景和金叶描画着巨型夜空星座图。当车站里的千万种对话汇聚成令人心悸的火车轰鸣声时，你就听到了这座城市的声音

纽约"博物馆大道" NEW YORK "MUSEUM MILE" 058

最美理由/
　　不要以为纽约就是物欲横流、纸醉金迷的同义语，博物馆之路，就是一个朝圣之旅，一个探寻整个纽约，整个美国，以及整个世界的历史之旅和人文之旅。如果你在晚间来此，是否，就会走进一场真实生活的《博物馆奇妙夜》?

最美季节/ 3 ~ 10 月
最美看点/ 大都会美术馆、古德海姆博物馆
最美搜索/ 纽约

纽约绝不仅仅是一个物欲横流的城市，行走在博物馆之路上，你同样会历经横跨数千年的文化精神朝圣之旅

　　第五大道从 82 街延伸至 105 街如今已经成为"博物馆大道"。大都会美术馆、古根海姆博物馆、歌德学院、库帕·哈维特国家设计博物馆、史密斯学会等十来家全球顶级的文化机构，在这里展示着最上乘的世界艺术、历史及文化。其中，大都会美术馆更是全球最重要的艺术收藏所在，人们在此可以发现不少大英博物馆或卢浮宫中所缺少的名作。

每年 6 月份，这些文化机构会举办一个"博物馆大道日"的盛会，以此来庆祝纽约市丰富的文化底蕴。

大都会博物馆

1870 年，纽约的社会名流、慈善家和艺术家共同出资建立了这所恢宏大气的博物馆，馆内藏品丰富，凸显了纽约的高贵气质，博物馆内的镇馆之宝是整座的埃及古墓，被真空保存在巨型玻璃罩里，放置在大厅之中，每位游客途经于此，都会被其华美壮观的外形、深厚沉重的历史底蕴所深深震撼。

古根海姆博物馆

纽约古根海姆博物馆是纽约古根海姆美术馆群的总部，这座博物馆外形如同一只巨大

纽约图书馆酒店

"图书馆旅馆"（Library Hotel）位于纽约文化精华区——麦迪逊大道 299 号。虽然开业于 2000 年 8 月，但酒店建筑已有 90 多年的历史，外部装饰古朴典雅，与周围的学术气息相吻合。酒店共 10 层，每层楼都配有杜威十进制系统，房间也根据该系统而设计。爱之房有关于爱情的书籍，童话房有关于童话的书籍。请你在这个浮躁的城市，选本诗歌在世界最喧嚣城市的一隅安静地读读书吧。

的海螺，让人产生一种对现代艺术的浪漫遐想。古根海姆博物馆是世界最著名的现代美术博物馆之一，其藏品以印象派作品为主。

乘着马车走过纽约博物馆，仿佛时光倒流，你，在悄然之间，成为历史中的人物

第五大道 FIFTH AVENUE　　　　059

最美理由 /

"高品质与高品位"是纽约第五大道的代名词，这座在 19 世纪初还简陋不堪的小街道已经成为纽约乃至全球知名的商业贸易中心。第五大道两旁是高耸入云的摩天大楼，橱窗里展示着当下最时尚的服装首饰，西装革履的男士和身穿时装的女士，手拎笔记本，步入高楼大厦，呈现出一幅高雅、时尚的美国现代生活图景。在这条全长不过 1.5 公里的街道上集中了洛克菲勒大厦，哥特式教堂建筑，蒂法尼 (Tiffany)、卡地亚 (Cartier) 等美国或欧洲的名牌专卖店，是名副其实的购物者天堂，好莱坞的大牌明星也常在这里挑选时尚服饰。

最美季节 / 5 月初 ~ 8 月底

最美看点 / 帝国大厦、大都会博物馆、纽约古根海姆博物馆

最美搜索 / 纽约州

纽约的第五大道 处于曼哈顿的中轴线上，是全球顶级品牌时尚的风向标，也是《欲望都市》《时尚女魔头》等无数时尚影片的外景地

不怕你没有欲望，第五大道就是制造欲望的天堂。这条历史悠久、以时尚大气闻名世界的街道上，几乎拥有全球所有顶级的品牌店。大家所熟知的 LV（LOUIS VUITTON）、迪奥（Dior）、蒂芙尼（Tiffany）、卡地亚（Cartier）、古驰（GUCCI）、范思哲（Versace）、香奈儿（CHANEL）、爱斯卡达（ESCADA）等，都能在第五大道上觅得它们的芳踪。这里的货品以齐全、更新速度快著称，即使是同一个品牌，

在世界其他地方找不到的款型也可以在这里买到。限量新品发售那一天，这里，更是全球顶级富豪的节日，身边貌似普通的顾客，你都要格外留意，衣着低调的他们，很可能就是好莱坞大片中的一线明星。

鲜活生动的橱窗文化

如果你留心《欲望都市》《时尚女魔头》等以第五大道为背景的影视剧，你不但可以看到无数衣着时尚的绅士淑女，也许还会看到作

为背景的创意橱窗。这里异彩纷呈的橱窗，堪称第五大道文化写照，请真人做模特或者摆出各种夸张仪态等特立独行的展示，在此早已见怪不怪。很多全球顶级艺术家也把此作为展示才华的舞台，比如日本 88 岁的老艺术家草间弥生 2012 在 LV 旗舰店掀起的"点子"风暴，就曾经让这里化身梦幻般的外太空世界。圣诞节前夕，各大公司都竞相推出圣诞橱窗，纽约每年最大的圣诞树就竖立在第五大道上的洛克菲勒中心，这棵圣诞树比白宫的还要高大华丽，雍容璀璨。届时，就连许多"老纽约"也要携家带口前来观赏。

百年老店的个性旗舰

第五大道的 LV 店是全球最大的旗舰店，这座纽约建筑的玻璃外墙灵感来自 Damier 棋盘图案，在晚上，玻璃格子亮起，仿佛雾里闪烁的街灯。据说这里的 LV 算不上便宜。但是在 LV 店里却有着最新且只此一家的款式。很多烙上 NY 个性的纪念版，在全球任何地方都是买不到的。第五大道的 Macy's 是纽约大众化百货公司，也是最老牌的百货公司，这里除了琳琅满目的商品，还有一个显示第五大道悠久购物史的去处——老式自动扶梯，据说那可是有上百年历史的老古董，可是他们的"镇店之宝"呢。

不关店的苹果店

许多人都说，第五大道的购物之旅是从 24 小时发光发亮的 Apple 店开始的。苹果店的入口处别出心裁地布置了一条长达十余米的玻璃通道，可将自然光反射到零售店中，强烈的视觉冲击力，展示第五大道特立独行

TIPS

📍 **地址** 位于曼哈顿岛的中心地带。
🏷 **贴士** 1. 大都会博物馆不收取门票，可在大门处进行捐助。
2. 美国国庆节期间为第五大道打折季，商品通常会以极低的价格出售。

奥黛丽·赫本《蒂凡尼早餐》

许多人对第五大道蒂芙尼（Tiffany）的专卖店的印象，源于奥黛丽·赫本在《蒂凡尼早餐》中的经典镜头。电影中，赫本每天早上都会来到纽约第五大道的 Tiffany 橱窗前，一边吃着手中的面包卷，一边隔着玻璃窗望着里面奢华的首饰，幻想着有一天自己能够在珠宝店里享受快乐的早餐。如果你是赫本的粉丝，即便不为了买东西，也应该在早晨来这里，像赫本一样，拿下面包圈，一杯咖啡，站在橱窗前，看看那漂亮的首饰，然后再感物伤怀一下，伊人已逝，但倩影长存。

全美最大的苹果店便位于第五大道，闪耀的巨大苹果标志，令人想起纽约"大苹果"这个可爱的呢称

的时尚品格，"苹果"设在地下，一年 365 天，一天 24 小时营业，这个用玻璃打造的苹果大方块向世人宣告 Apple 旗舰店的服务全年无休，这里随时都聚集着来自全球的 Apple 迷，守候着 Mac、Ipod、Iphone 的最新产品，一次又一次。

联合国 UNITED NATIONS　　　　060

最美理由 /

世界组织的总部位于曼哈顿东河，占地 73000 平方米，事务大楼、会议中心、国际联合总会和达格·哈马舍尔德图书馆这四座建筑物构成了联合国总部。5000 多名联合国工作人员在这里处理国际事务与当代社会紧追问题。联合国有自己的警卫队、消防队和邮政局。来自世界各地的游客常常喜欢将贴上联合国邮票的明信片寄回家——联合国邮票只能从联合国寄出。

最美季节 / 3 ~ 12 月
最美看点 / 大会堂、安全理事会、公共花园
最美搜索 / 纽约州

联合国大厦在曼哈顿第 42 - 45 街的东端，西面有一个小广场，广场上联合国近 200 个国家的国旗猎猎飘扬

联合国大楼的设计充分体现了它是由全世界人民共同管理的宣言。其建筑群共由四幢大楼组成，由美国人哈里森和中国建筑师梁思成等 11 名国际建筑师共同参与设计，1952 年正式落成。四座建筑分别为大会堂、会议大厦、秘书处和哈马舍尔德图书馆。东河滨人行道旁建有一座美丽的大花园，种有上千株玫瑰，品种达几十种，都是由会员国人员赠送。

联合国允许参观，还设有西班牙语、法语、德语、俄语、汉语及日语导游带领游客观赏联合国大厦。参观人员还可以在一层购物中心购买来自世界各国的艺术品，这里的明信片最受欢迎，只要盖上邮戳就可以寄回家中，与亲朋好友分享最为和平的气氛。

大会堂

联合国最大的房间，可同时容纳 1800 多

人。为了强调各国之间平等互助，大会堂内部没有摆放会员国的装饰礼品。这里挂有联合国组织的徽章，中间是从北极上方看至世界各地，两旁则是象征和平的橄榄枝。

安全理事会

安全理事会正中的壁画上描绘了一只长生鸟于灰烬中再生，象征着"二战"后的世界重建，同时画面上的一群人将粮食分享也寓意联合国的平等互助原则。整个会议厅由挪威赠送，装饰明快简洁，充满了欧式建筑风格。

公共花园

穿过联合国花园就可以进入联合国总部大楼。在联合国广场迎风飘扬着 192 面联合国成员国的旗帜。花园中矗立着一座埃利诺·罗斯福纪念碑，另外，还有中国、巴西、德国等国家赠送的各种雕塑作品。这些艺术品居高临下可以看到东河。花园中常年盛开着来自各国的艳丽玫瑰花朵，五彩缤纷，绚丽夺目。

TIPS

📍 **地址** 位于纽约市曼哈顿区哈得孙河边。

🚇 **贴士**
1. 交通：联合国没有公共停车场地，所以最好使用公共交通工具。
2. 开放时间：除 1 月和 2 月的周六、周日外，每天 9:00 ~ 16:45。
3. 入联合国总部大楼参观，不得身着无袖上衣及短裤。

青铜雕塑"打结的手枪"寓意要和平，不要战争。这尊雕塑是瑞典著名雕塑家鲁特史瓦特于 1988 年制作，由卢森堡政府赠送给联合国，表达了人们对非暴力的向往

小意大利 LITTLE ITALY　　　　061

最美理由 /
　　遮阳伞、欧洲啤酒、比萨饼、意大利面、恍惚间好像步行于欧洲城市，这里就是纽约的独特街区——小意大利。美国史上第二次移民潮、以意大利人为代表的欧洲移民来到美国，并在纽约昆士区开始了聚居生活，使这里逐渐形成独特的意大利风光。街道慵懒却富有生活气息，人们坐在街头品尝啤酒与美食，二层阁楼上的装饰品精美细致，自家小庭院的尖顶屋，流露出些许意大利文艺复兴时期的建筑气息。意大利国旗的绿白红常被用来粉刷楼房的外观。一边享用意大利的美食，一边在街区漫步，听着精致实用的联栋排屋里传出的意大利歌剧，简直是一种精神享受。

最美季节 / 7 ~ 10 月中旬
最美看点 / 迎神节、茂比利街、茂比利街剧坊
最美搜索 / 纽约州

公寓楼阳台上下连着楼道的设计，是小意大利区域最独特的建筑特色之一

　　美国第二次移民高潮是从 1861 年到 1880 年，约有 500 万移民来到美国。其中大批是欧洲手工业者，这其中以意大利人为代表的欧洲移民来到了美国，并在纽约昆士区开始了他们的生活。意大利移民习惯于大家族聚居，居民住房比较拥挤，这一点与华人差不多。意大利人的饮食习惯并未随着移民产生任何变化，一到就餐时间，满条街都会飘散着奶酪、比萨的味道，还有不少家庭在街头摆开餐桌，露天家庭餐饮，别具一番风情。

当年初次来到美洲新大陆的意大利移民，因语言、习惯、找不到工作等问题，生活障碍重重，很多青少年从小偷小摸开始犯罪生涯。加上意大利人向来喜欢自由散漫，我行我素，不服管，发展为西西里黑手党，经典黑帮片《教父》就在茂比利街拍摄过。现在小意大利区开设了重温黑帮片镜头的巴士游活动，导演身着一身黑色西装，佩戴墨镜，戴着黑手套与粗金链，冷言冷语，模仿电影中的角色，不少游客都特意来此参加观光活动，同时游客还能得到图片和影像剪辑，显示当年黑帮地点的原貌。

迎神节

每年 9 月的第三周，小意大利都会举办"迎神节"。每年的此时，会有近 200 家餐馆、摊贩提供美食佳肴、意大利风情的首饰衣物，以及孩童喜爱的大型游戏机，同时还有游行、音乐表演和歌唱比赛等，也吸引新泽西州、威斯康星州、宾夕法尼亚州等地的游人大批涌入，每年举办迎神节时有超过百万人造访小意大利区。

茂比利街

曾是黑帮教父戈蒂的出入地盘，很多宗谋杀案都是在此发生。黑帮经典电影《教父》使这里充满了神秘与恐怖色彩。黑手党碰头的"社交俱乐部"更是联邦调查局偷录的热点，黑帮头目"刽子手"被暗杀的星巴克咖啡店也是人们参观的主要地点。现在这条街道已被作为小意大利特色旅游的一个重要街区项目。

茂比利街剧坊

剧坊是陈学同舞蹈中心的一个分支机构，位于茂比利街和摆也街的交界处，是最受当下年轻人欢迎的剧坊之一，剧坊面积不大，却因为来源于世界各地的特色演出而备受关注。这里表演空间灵活，易于与观众交流。这里曾上演过中国老舍名作《茶馆》，受到《纽约时报》的关注。这也从一个侧面反映了美国文化的兼容性。

如今小意大利还有旅行社打出的"黑帮游"的路线，但其实黑帮早无，街道花丛绽放，"黑帮游"只是为了满足外地游客的神秘和好奇心理

华盛顿广场 WASHINGTON SQUARE　062

最美理由 /

　　这里有美国自由、民主精神的最好展示，这里有东村最为萎靡的艺术风范，这里有全纽约最好的咖啡馆让你度过一个舒适的午后，这里有镌刻着美国国父华盛顿发表就职演说的大理石拱门。这里就是纽约的重要地标华盛顿广场。每年都有无数游客为一睹这里的独特风情而慕名来访，并深深爱上这里的自由风尚。

最美季节 / 4～11月

最美看点 / 大理石拱门、纽约大学、公共剧院

最美搜索 / 纽约州

华盛顿广场是纽约最富历史底蕴的休闲广场，你可以在这里找到岁月的痕迹，找到艺术的张扬，也可以坐在木椅上晒着太阳，感受生活的美好

　　华盛顿广场建立于1831年，占地6333.3平方米，是艺术家云集的格林尼治村的灵魂。这里曾经是一片沼泽，18世纪末为公墓，埋葬当时因黄热病去世的人，自1827年正式成为公园后开始被纽约市民接受。1916年达达主义的创始人——杜象与史隆，率领一批艺术家登上华盛顿广场的拱门，宣称"华盛顿广场取得自由、独立，成为新波希米亚的国度"，从此开启了华盛顿广场充满艺术、活力的新纪元。

　　广场邻近纽约大学，也成为最受学生欢迎的场所。春秋两季在这里会举办户外艺术节，展出的百余幅作品包括油画、摄影、素描和版画，描绘了广场从作为曼哈顿地区最富有的街

区转变成纽约市最富有艺术气息地域的过程。华盛顿广场地区居住了许多画家、雕塑家和摄影家，他们把广场作为一个捕捉创作对象的殿堂。街头艺人也钟爱这里，穿着奇特的小丑、饶舌说唱者、架子鼓表演者，都让这里充满了活力。华盛顿广场公园代表了纽约狂放不羁的气质，当你置身其中时，这种感觉尤为明显。

大理石拱门

广场上最醒目的建筑是一个形如"凯旋门"的大理石拱门。这座拱门原建于 1889 年，是纪念美国国父乔治·华盛顿宣誓就职 100 周年而兴建。1892 年，设计师史丹利·怀特设计了如今的大理石拱门。拱门的两侧分别有两个华盛顿的雕塑，左侧是战争时期的华盛顿，右侧是和平时期的华盛顿，分别在 1916 年和 1918 年落成。除了拱门之外，华盛顿广场公园上还有一个巨大的圆形喷泉处于广场的正中央，每到节假日人们就会围坐在周围，十分悠闲。

纽约大学

原来是纽约市立大学，现在则是美国最大的私立大学，学费也相当的"贵族化"，以艺术学院及电影学院最著名，国际知名导演李安就是在此毕业。大学内最吸引人的是大学村内一件毕加索的作品——希薇特半身像，高达 11 米，矗立在草坪中央，诠释着学院的前卫精神。

公共剧院

该剧院是纽约最具影响力的戏剧殿堂，因这里原是亚斯特图书馆，所以外墙写着"图书馆"。1849 年落成时，公共剧院是纽约第一

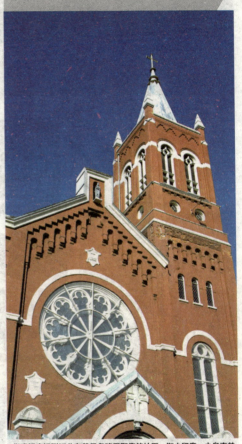

华盛顿广场附近分布着很多移民聚集的社区，如小印度，小乌克兰等等，这里的建筑，很多亦流淌着怀旧的风韵

座免费图书馆，1965 年"莎士比亚节"的创立人帕普说服政府之后才改为剧院，曾经风靡一时的诸多歌舞剧都是在这里举行首演。目前剧院以现代歌舞剧及莎翁的古典歌剧为表演重心。

格林尼治村 GREENWICH VILLAGE 063

最美理由 /
　　这里是纽约最具特色的地方，到处充斥着激进的思想与文艺潮流涌退后的烙印。一面面红色砖墙上体现着年轻美国不多见的华丽的沧桑气息，窄小的街道渗透着浓厚的艺术气息，路边的廉价咖啡馆与小餐馆是年轻艺术家们高谈格调的亲密场所，爵士和摇滚吸引着大批的年轻人，旧唱片店、旧衣饰店仍让人享受

小而亲切的旧日风格。典雅安逸的历史建筑与放荡不羁的波希米亚区就在这个村中神奇地同步发展。
最美季节 / 7～10 月
最美看点 / 克里斯托弗街 51 号、纽约大学电影学院、史传德二手书店
最美搜索 / 纽约州

纽约的格林尼治村是全球第一批艺术村之一，是波希米亚生活艺术在纽约的活动中心，也是西方先锋艺术空间的代表

　　格林尼治村位于纽约华盛顿广场西边，原是城市中心居民逃避黄热病的临时住所，这一地区道路错综复杂，迥异于棋盘式的规划，自从 1831 年华盛顿广场建立后，开始出现转机，许多艺术工作者陆续进驻于此，他们背弃了小城镇和邦区宁静传统的生活方式，寻求一种他们称之为自由的生活。

　　格林尼治村聚居了各类知识分子与艺术家，周围有许多影剧院，以及供文人们写作、讨论的咖啡馆；除此之外还有一个没有围墙的纽约大学，校园中心的华盛顿广场是众多街头艺术家自由表演的大舞台。小镇中拥有多家咖啡馆，仿佛成为巴黎左岸的翻版，艺术家或电影爱好者在长椅上品味咖啡，探讨着生命的真谛，成为一种生活方式。如今格林尼治小镇中的许多建筑已经成为富人区，艺术家人数已经减少，仍以其特殊的格调，反映着时代的脉搏。

克里斯托弗街 51 号

是曾经的"石墙酒吧"的旧址，曾因同性恋和警察的冲突而声名大噪。1969 年 6 月 27 日，在当时还很保守的风气下，这家酒吧的顾客与准备取缔该酒吧的警方对峙，引发了激烈的冲突，顾客对着警方丢掷啤酒瓶与垃圾，这次的事件被视为同性恋人士争取权益的滥觞，被认为是美国乃至世界现代同性恋权利运动的起点。之后的每年 6 月，同性恋人士及其支持者都会在此举行同性恋大游行以资纪念。现在石墙酒吧原址已经变成服饰店，旁边的 53 号则仿原貌重建石墙酒吧，门牌上写着："石墙暴乱的地址，1969 年 6 月 27 至 29 日，现代精神的发源地。"

纽约大学电影学院

纽约大学建立于 1831 年，是全美最大的私立大学之一，学生有 4.4 万多人。纽约大学向所有对电影充满热情和动力的人们敞开大门。它是世界电影教育最重要的基地之一。它的三栋主要建筑成为美国格林尼治村的心脏，一直是艺术家和知识分子的精神家园，有着年轻美国不多见的华丽的沧桑气息。

史传德二手书店

这里是全球最大的二手书店，已有 80 多年的历史。暗绿色的店面使这里充满了文学气息。书店拥有不断在买进、卖出的图书约 250 万册，故亦有"书籍丛林"的雅称，后来又改为"十六里长的书"这一别称。书店室外部门图书均为 1 美元一本，吸引了无数来村参观的游客到此"淘"书，偶尔，到此还能发现几本中文典故。

TIPS

📍 地址　位于纽约华盛顿广场西边。

📋 贴士　1. 格林尼治村中的所有演出信息都可以在中心的信息站免费拿到。

2. 夜晚避免独自外出，如果外出，不要带过多现金在身上。

格林尼治村是美国社会发展变革的写照，从百余年前妇女争取选举权，到 20 世纪的各种各样的反战和争取人权运动，格林尼治村总会走在全纽约甚至全美国的前面

时代广场 TIMES SQUARE　　　　064

最美理由/

　　无论白天与黑夜，时代广场的巨幅电子广告牌都会吸引所有人的眼球。每天约 7 万人次在这里行走，不同肤色、不同国家、不同民族与文化背景的人们会聚于此，使这里成为一个缤纷多彩的世界。24 小时不停播放的巨幅广告画面使这里夜如白昼，服饰夸张的街头艺人在这里大秀才艺，全球最时尚的服饰第一时间在这里的橱窗中展出，百老汇的剧院上演着经典作品……来到这里，你才能真正体会到什么是纽约，同时感受曼哈顿强烈的都市特性。

最美季节/ 全年皆宜

最美看点/ "降球"仪式、维京唱片行、杜莎夫人蜡像馆纽约分馆

最美搜索/ 纽约州

纽约时代广场是世界艺术、文化、经济、时尚的核心圈，每逢中国国家形象宣传片以及各式中国影视风光宣传片在此上映，都标志着中国文化向整个世界迈出了重要的一步

　　时代广场（又称时报广场），因《纽约时报》早期在此设立总部大厦而得名。广场中心位于西 42 街与百老汇大道交会处，东西向分别至第六大道与第九大道、南北向分别至西 39 街与西 52 街，构成曼哈顿中城商业区的西部。这是纽约剧院最密集的区域，20 世纪 20 年代开始是时代广场最为绚烂的时代，以广场中间大厦为中心点，聚集了多达 40 家商场与剧院，集娱乐、休闲、购物于一身，使得这里光鲜亮丽，人潮汹涌。

　　时代广场人流云集，常能看到一种专供游人游玩的三轮脚踏车，载着疯狂吆喝着的时尚红男绿女从街头呼啸而过。抬头仰望，夹街的高楼，无数巨幅电子广告牌 24 小时不停息地、以数秒钟的速度变换着艺术精致的广告短片，不断变化色彩的半圆柱形的纳斯达克巨幅广告，似乎是华尔街老板们着意借这块三角地在疯狂而又极富艺术地张扬他们的豪富。纽约的广告

业在这里得到了关注，不同的感官刺激与高科技手段都在这里得到了完美的展示，视觉大师的创意在这里得到了肯定，巨幅的广告画面不断变化的镜头中，充斥着希望与未完成的梦想。

"降球"仪式

"降球"仪式是让时代广场闻名于世的新年庆祝活动。仪式始于 1907 年 1 月 1 日，当晚数以十万计的人群都会聚集到广场中心观看一个巨大的水晶球从高处降到地面，象征新一年的开始。每年的 12 月 31 日，在时代广场中心顶楼都会悬挂一颗重 90.7 千克的彩球，新年来临的那一刹那，彩球打开并飘散出无数的彩带。超过 50 万来自全美乃至世界各地的人汇集于此，共度不眠之夜。

维京唱片行

全世界最大的音像制品商店之一。以维京唱片公司旗下的歌手音乐产品为主。店面宽敞，CD 架数量上千，150 台最新式多媒体试听机，可供消费者免费试听音乐。全球的重量级音乐人出新专辑时都想来这里做宣传，如果想一睹音乐巨星的风采，这里是个不错的地方。

杜莎夫人蜡像馆纽约分馆

位于第 42 街西 234 号，由蜡质雕塑家杜莎夫人建立。杜莎夫人蜡像馆是全世界水平最高的蜡像馆之一，有众多世界名人的蜡像，其中恐怖屋最为出名。整个馆由 3 层楼及地下室组成，分 4 个展览层。杜莎夫人蜡像馆的蜡像经常令人真假难分，蜡像馆会在游客出入的地方放置蜡像，常常制造出令人吃惊的有趣效果。纽约馆最受欢迎的是詹妮弗·洛佩兹，无数游客都与这位美女偶像合影留念。

TIPS

📍 **地址** 位于纽约市曼哈顿区第 42 街、弗洛德街与第七大道交叉的三角地带。

💡 **贴士** 1. "降球"仪式时，为减少拥挤，广场商户不营业。

2. 杜莎夫人蜡像馆纽约分馆营业时间为 10:00 ~ 22:00，成人 29 美元，60 岁以上老人 26 美元，4 ~ 12 岁儿童 23 美元。12 岁以下儿童不能进入恐怖屋。

新年倒数仪式

每年 12 月 31 日午夜时分，纽约时代广场都会举行隆重的水晶球降落仪式，同时还举办规模盛大的开幕式、明星音乐表演等，这项传统的辞旧迎新活动已拥有数百年历史，上百万来自世界各地的游客都会从下午 1 点来排队，在整整 10 个街区的人山人海中，冒着零度以下的严寒，期待激情鼎沸的时刻。期待和来自世界各地的人们一同喊出新年的第一声，期待亲身体验迎新倒数狂欢的璀璨烟火。当 12 月 31 日晚上 11 点 59 分，著名的大灯球下降时，数百万人齐声倒数、欢呼、拥抱、亲吻，新年倒数的接吻大赛更是情侣们的最爱！

洛克菲勒中心 ROCKEFELLER CENTER   065

最美理由 /
　　号称 20 世纪最伟大的都市计划之一的洛克菲勒中心坐落在曼哈顿商业中心。它包括 19 幢大楼、占地 89000 平方米的建筑群。全美国电视节目播送基地大都在这里，诸多国际大公司的总部也设在其中。中心地下的商店和餐馆，把各个大楼连在了一起。地下广场引人注目，那是城市的和平绿洲，飘扬着联合国的 192 面彩旗。在广场与 5 号大道之间的人行道两侧，呈现的是一个又一个的花圃。春夏之季，这里是花园，冬日这里又成了溜冰场，全世界最大的圣诞树在 12 月也会彻夜闪亮，与全纽约的人们一起迎接平安夜。

最美季节 / 10 月~次年 2 月
最美看点 / "巨石之顶"、无线电城音乐厅、纽约最大圣诞树
最美搜索 / 纽约州

洛克菲勒中心是纽约的标志性建筑，纽约当地人常常会对游客说"去洛克菲勒中心看看吧，那是人类建筑史上最伟大的都市计划之一"

　　洛克菲勒中心是一个由 19 栋商业大楼组成的建筑群，其占地 89000 平方米，在曼哈顿的中城，东西向，从 48 街到 51 街，占了三个街区，南北向，从第五大道到第七大道，更占了三个纵向街区。纵览全世界大都会的庞大建筑群，除了皇宫之外，无人能及。整个工程建设从 1931 年开工，延续了近 10 年，值得一提的是，该中心在美国大萧条时期为纽约提供了 5 万多个工作岗位。

　　洛克菲勒中心在建筑史上最大的冲击是提供公共领域使用，它开启了公共空间设计的新风貌。中心的每个设计都是为更好地利用

空间而建，中心巧妙地利用大楼的大厅、广场、楼梯间、路冲设计成行人的休息区、消费区，彻底落实为广大中产阶级服务的理念。20世纪30年代，建筑物不再是取悦于上层社会的装饰物，而转向大方、美观与实用。中心于1987年被美国政府定为"国家历史地标"，这是全世界最大的私人拥有的建筑群，也是标志着现代主义建筑、标志资本主义的地标，其意义的重大，早就超出建筑本身了。

"巨石之顶"

是洛克菲勒中心的著名观景点，站在70层的高度俯瞰曼哈顿全景，穿梭的车流如同蚂蚁般渺小。观景台四周是高达2米的玻璃安全围墙，从外观看，游客好像悬浮于空中，着实需要一些胆量才敢迈入"巨石之顶"。

无线电城音乐厅

是世界著名艺术殿堂之一，位于纽约曼哈顿第六大道洛克菲勒中心，音乐厅拥有近6000个座位，演出交响乐、歌剧、舞蹈和杂耍等精彩节目。1932年12月27日竣工后一直是美国人向往的娱乐胜地，顶级的美国娱乐艺人和世界各地的超级歌星都渴望能登上音乐城的大舞台一显身手。

纽约最大圣诞树

圣诞节在这里的时间可谓是全美最长的，自每年11月30日起，这里便会举行点灯仪式，人群聚集于此，好像一个大众聚会。每年这个时间，中心就会选取全纽约最大的圣诞树，配以万盏彩灯进行装饰，在树顶还会加上水晶五角星，艳光四射，极具当地代表性。每年中心的圣诞狂欢仪式，都是纽约市的一大亮点。

TIPS

📍 **地址** 位于纽约曼哈顿的中城，东西向，从48街延伸到51街。

📖 **贴士** 1. 参观洛克菲勒中心，可购买45美元的巨石场券，包括参观NBC片场和无线电台，一票通过。

2. "巨石之顶"开放时间为8:00~午夜0:00，最后一班电梯运行至23:00。

洛克菲勒中心每天晚上的夜景同样绚烂迷人

中央公园 CENTRAL PARK　　　066

最美理由 /

　　号称纽约"后花园"的中央公园，面积大，是一处完全人造的自然景观。公园内森林茂密，绿草如茵，农场内羊儿悠闲地享受着嫩草。毕士达喷泉的水中天使俏皮可爱，动物园内的海狮聪明伶俐，"草莓园"吸引了大批音乐人。温室花园成了新人拍摄婚纱照的经典之选，中央公园为忙碌紧张的生活提供了一个悠闲的休憩场所。能在曼哈顿中心如此寸土寸金之地建立一座如此规模的中央公园，也体现了美国人注重生活质量的一面。

最美季节 / 4 ~ 10 月

最美看点 / 中央公园动物园、毕士达喷泉、草莓园、眺望台城堡

最美搜索 / 纽约州

纽约中央公园是全球最著名的城市公园之一，是无数纽约主题电影的取景地，虽多次整修仍沿袭 19 世纪风貌

　　纽约中央公园建成于 1873 年，由"美国景观之父"奥姆斯特德与沃克一同设计，其设计充分考察了市民生活中的景观来进行公园规划，使其成为现代景观设计学的首个杰作。中央公园位于第五大道西侧，由南至北从 59 街跨至 110 街，共占地 3.4 平方千米。其内包含树林、湖泊、牧场、动物园、花园、溜冰场、游泳池、运动场、剧院、广场、草坪以及各类完善的公共设施。

　　各种各样的休闲活动在这里提供给市民和游客，其中最常见到的就是在慢跑道上跑步的身影，晴天的时候，草坪上或坐或卧的闲散

的人们，也是中央公园的代表风景。公园四季皆美，不同景色轮流登场，让人喜不自胜。园内有一座称为草莓园的公园是纪念约翰·列侬的和平公园，由此可见从世界各地来的各种花卉。中央公园经常可以在电影以及电视剧中见到，如电视剧《欲望都市》等。不同的休闲项目，吸引着不同的人群，老人、儿童、青年、情侣，都在中央公园内找到了一份属于自己的快乐。

中央公园动物园

分为海狮表演区、极圈区和热带雨林区。海狮表演区是最受大家欢迎的，全身光滑的海狮在水池内悠闲自在地嬉戏，每天不同的时段，工作人员会走入水池内，把桶内的小鱼丢给海狮，肥胖的海狮竟能灵敏地接住每只鱼，非常可爱。在令人惊喜的极圈区，可以看到小企鹅和全身雪白的北极熊懒懒地踱步。热带雨林区内则设有一处小小的热带雨林，栽培了各种形貌多样的热带植物与花卉。

毕士达喷泉

喷泉修建于湖泊与林荫小路之间，属于公园的核心位置。毕士达喷泉是为纪念美国内战海战中身亡的战士而修，其名称因《圣经》中可使水池具有治病功效的神奇守护天使而命名。喷泉旁的四座雕像分别代表"节制"、"纯净"、"健康"与"和平"。这座水池常常有成群天鹅悠游其间，也有不少游客在湖中划船。

草莓园

这是为遇刺的披头士主唱约翰·列侬而建，草莓园的对面就是约翰·列侬的故居。园内有步道、灌木丛、森林、花床等，其中，步道上有一个星形、黑白相间的马赛克图形，这

中央公园是纽约最浪漫的约会之地，是喧嚣都市的世外桃源

也是约翰·列侬的歌曲《想象》歌词中所提到的，每年 12 月 8 日——列侬遇害日，全世界的披头士歌迷会聚集在此一同纪念这位伟大的歌手。

眺望台城堡

是中央公园学习中心的所在地，中心内的"发现室"为游客提供园内野生动物的相关信息，这里也是眺望中央公园的戴拉寇特剧院与大草原的最佳地点。

哥伦比亚大学 COLUMBIA UNIVERSITY　067

最美理由 /
　　作为美国最古老的五所大学之一，哥伦比亚大学的学术成就、教学质量以及教学环境都在世界上享有极高的声望。美国新闻界至高无上的普利策奖在这里诞生，美国前总统罗斯福，以及现任总统奥巴马都曾在此学习，胡适、徐志摩、李政道等著名学者也在这里留下了青春的脚步。校门处的希腊雕像遒劲挺拔，半圆形大理石座椅舒适宽敞，现代化的图书馆为学子们提供了丰富的资料，小松鼠在林荫道旁的草丛中穿梭，和平鸽在广场上悠然散步……安静优雅加上浓厚的学术气氛使这里成了全世界学子们向往的学术圣殿。

最美季节 / 9～11月初
最美看点 / 洛氏图书馆、主楼、日晷
最美搜索 / 纽约州

哥伦比亚大学是世界最具声望的高等学府之一，曾与哈佛大学和芝加哥大学一起被公认为美国高等教育三巨头

　　哥伦比亚大学是世界最具声望的高等学府之一，也是最早接受中国留学生的美国大学之一。哥伦比亚大学于1754年成立，属美国常春藤盟校之一，原为国王学院，美国独立战争后更名为哥伦比亚学院，1896年成为哥伦比亚大学。

　　哥伦比亚大学校园面积4平方千米。由3个本科生院和13个研究生院构成。校友25万

人，遍布世界 150 多个国家。

大学地处纽约城边高地，学子们在这里不但可以学习到课本知识，还可以实时感受到美国政治风云的变化，也可以与华尔街的银行家畅谈世界金融局势。大学内多为罗马式和巴洛克式的建筑风格，也有文艺复兴时代建筑的影子，作为哥伦比亚大学象征的雄狮守护着这所大学，铺在道路上的红砖使这里持重沉稳，图书馆前的女神塑像为每一位学子诠释着知识的力量。宏大如同神庙般的建筑让人心生敬畏。大学建立于纽约的闹市区，接触着最现代的科技和最繁荣的经济，却又独处一隅坐拥世外桃源的清静。

TIPS

📍 **地址**	位于纽约市曼哈顿的城边高地，濒临哈得孙河，在中央公园北面。
📍 **贴士**	1. 大学免费参观。 2. 建议乘坐地铁，有专以大学命名的车站，十分便利。

哥伦比亚大学和诺贝尔奖

哥伦比亚大学是全球获诺贝尔奖学者最多的大学，已接近 90 位。其中，在中国知名度较高的"欧元之父"，美国哥伦比亚大学经济系罗伯特·A.蒙代尔教授，多年来，他先后担任过联合国、世界银行、国际货币基金组织的高级顾问。

洛氏图书馆

圆顶建筑图书馆，由白色大理石修建，该馆曾被选为全美最美丽的建筑，目前也是该大学的行政中心。哥伦比亚大学图书馆下设 23 座分馆，每个分馆都各具特色。总藏书量达 870 万册。图书馆正前方女神雕像手捧《圣经》，宣布"上帝是指引明灯"的箴言。女神名字在拉丁语中意为"养育生命的母亲"，是古罗马的女性神祇的代表，在这里代表了大学和学院，带有"母校"的意思。

主楼

从哥伦比亚大学广场望去的主楼，宏伟宽大。希腊式神庙的建筑风格给人巍峨坚实的感觉。宽大明亮的玻璃与古罗马时期的柱状设计，扩大了整个主楼的视觉效果，传达着哥伦比亚大学治学严谨的学术气氛。主楼四周是修剪整齐的草坪、郁郁苍苍的树木以及盛开的鲜花，风景优美。

日冕

坐落于大学路中间的日冕是整个大学的中心，也是一览哥伦比亚大学园中全景的最好地点。从这里向南可以见到巴特勒图书馆以及南草坪；向北则是高高在上的洛氏图书馆以及地板花样丰富的广场，校园优美的风景尽收眼底。

美国国会大厦 UNITED STATES CAPITOL   068

最美理由/
　　在美国人心中，国会大厦是民有、民治和民享政权的最高象征。白色大理石修建的国会大厦通体洁白，给人一种神圣纯洁之感，高高耸立的圆顶处的缩小版自由女神远眺东方，永远迎接太阳的升起。大厅内的巨幅油画记叙着美国独立战争等重大事件，提醒每一位到访者美国的发展历史。现在，国会大厦的大圆顶成为电视中美国政治新闻报道的最佳背景，为亿万观众所熟知。

最美季节/ 3 ~ 7 月
最美看点/ 中央圆形大厅、大厅穹顶、雕像大厅
最美搜索/ 哥伦比亚特区

美国国会大厦不仅仅是美国国会的所在地，更是美国精神的象征。1793 年，美国首任总统乔治·华盛顿亲自为它奠基

　　美国国会大厦坐落于国会山，是美国的核心建筑。在 1814 年的英美战争中曾遭到重创，战后几经修复才形成了今日的规模。国会大厦共三层，外部通体采用白色大理石修建，楼顶为半圆形，顶上有一微缩版的自由女神青铜像，注视着脚下的土地，守护着永久的和平与希望。

　　美国国会大厦四周环境优美，整洁平坦的草坪将大厦包围，配合其古典神庙的建筑风格，凸显整个建筑物的至高无上地位。大厦内部的中央圆形大厅及穹顶都绘有大型壁画，向游客讲述着曾经的过往。美国电视台 CNN 的新闻联播节目常选取美国国会大厦为背景，也通过媒体让亿万观众认知了美国这一最重要的建筑物。

中央圆形大厅

游人从雕有哥伦布事迹的铜铸东门进入

便是中央圆形大厅。大厅内部宽敞宏大，圆形的墙壁上，悬挂有 8 幅巨大的油画，详细绘画了影响美国历史的 8 次重大事件，大厅的南侧，油画作品逼真传神，浓重的笔墨技艺在光线明快的大厅再现了当年的历史场景。

大厅穹顶

大厅的穹顶是整个建筑物的又一亮点，天顶之上绘画着浪漫主义风格的大型油画。美国国父华盛顿总统在天顶画正中，两旁各是胜利女神、自由女神等 13 位神话故事中为人民带来幸运与健康的天神，而数字 13 又代表了立国之初美国的 13 个州。天顶画的作者是意大利著名画家康士但丁诺·布鲁米迪，画上人物高达 4 余米，因其绘制过程艰难繁杂，画家从脚手架上跌落受伤，数月后去世，由其学生按照他生前的草稿图补白完成。

雕像大厅

中央圆形大厅的南侧，是环立着形形色色人物雕像的雕像大厅。其内部宽敞，高耸的圆柱，装饰着深红色的帘幔；陈列了各种姿势的美国各州伟人的塑像。建设之初规定美国每个州可以选 2 个代表人物的雕塑进入国会大

TIPS

① 特产 位于华盛顿 25 米高的国会山上。
◎ 贴士 1. 每周一～周六 8:30～16:30 可以免费参观。
2. 门票需在网上预订，或在国会大厦背面的参观入口排队领票。

国会大厦与总统就职典礼

自 1917 年詹姆斯·门罗宣誓就职以来，只要天气许可，总统就职典礼都会在室外举行。1981 年，从罗纳德·里根总统在美国国会大厦东面的大草坪举行就职典礼，之后历届美国总统的就职典礼都在这里举行，包括 2009 年的美国总统奥巴马。宣誓就职的仪式通常由最高法院首席大法官主持。美国《宪法》第 2 条第 1 款规定总统宣誓就职的誓词如下："我谨庄严宣誓（或郑重声明），我一定忠实执行合众国总统职务，竭尽全力，恪守、维护和捍卫合众国宪法。"

厦，并经过全体议员们审核与通过。到 20 世纪 90 年代初，雕塑大厅共有 94 尊铜像和石雕像，其原型都是各个领域的一代英才。

国会大厦的穹顶，是整个建筑物的又一亮点，位于天顶画正中的，即美国首任总统华盛顿

美国国会图书馆 LIBRARY OF CONGRESS   069

最美理由 /

距今已有 200 多年历史的美国国会图书馆，是世界上最大的图书馆之一。它坐落于华盛顿国会山东侧，主要为国会提供服务，同时也承担了国家图书馆的重要职能。馆舍由杰弗逊大厦、亚当斯大厦和麦迪逊大厦三座建筑物组成，馆藏达 1.3 亿册，其亚洲部中文藏书 96 万余册。国会图书馆建筑风格属于文艺复兴式，圆形天花板上镶嵌了数块玻璃天窗，阳光洒入后，折射效果使这里如同一座华美的宫殿。图书馆是美国知识与民主的重要象征，在美国文化中占有重要地位。

最美季节 / 全年皆宜

最美看点 / 杰弗逊大厦、麦迪逊大厦、亚当斯大厦、亚洲部

最美搜索 / 哥伦比亚特区

美国国会图书馆由三座以总统名字命名的建筑物构成，分别为 1897 年落成的杰斐逊大厦、1939 年落成的亚当斯大厦和 1983 年落成的麦迪逊大厦，其中最早建成的杰斐逊大厦，是典型的文艺复兴风格

　　美国国会图书馆建立至今已有 200 多年的历史，在美国人民心目中有着重要的地位。它是全美历史最为久远的文化机构，同时也是世界上最大的知识宝库。馆内收藏近 1.2 亿项，除传统收藏外，还建有数字一体化文库，通过多媒体手段进行资料存放。中国的《永乐大典》、太平天国印书等珍品都收藏在此。

　　先进的互联网技术使美国国会图书馆在满足国会研究需要的同时，还建立了资源丰富的网站，为图书馆内及全美国读者提供网上阅读服务，更便捷、更大化地利用自身优势，为市民提供优质的阅读、查询服务。美国国会图书馆馆舍由 3 座以总统名字命名的建筑物构成，分别为 1897 年落成的杰弗逊大厦、1939

年落成的亚当斯大厦和 1980 年落成的麦迪逊大厦。其中麦迪逊大厦最为宏大，超出了杰弗逊与亚当斯大厦的面积总和。

杰弗逊大厦

美国国会图书馆内最富有艺术气息的建筑物，整体采用了意大利文艺复兴风格，采用白色大理石修建，设计精美绝伦。宽敞明亮的走廊中立有 8 位智慧女神，刻画得生动逼真，如同向每位到访者赐予智慧之泉。自三层的环形走廊可以通过玻璃帷幕俯视，5000 多平方米的球形阅览室呈现在下方，气势磅礴。

麦迪逊大厦

大厦于 1980 年 4 月 20 日落成启用，该大楼使图书馆在国会山庄的占地面积增加了两倍有余，在这座大楼内设有美国第四任总统詹姆斯·麦迪逊正式纪念堂以及 8 个阅览室、若干办公室，储藏 7000 万件以上的特藏文件和图书。

亚当斯大厦

大厦外层是佐治亚大理石砌成的建筑，于 1939 年落成。在大铜门上的雕像是代表世界历史上 12 位对文字艺术有过贡献的人，其中包括中国象形文字的鼻祖仓颉；希腊神话中首创字母的卡德摩斯；发明美国印第安人的切诺基族音节文字音符体系的印第安人塞阔雅。五层的阅览室装饰着以斯拉·温特描绘坎特伯雷故事集的壁画。

亚洲部

亚洲部设了中文、日文、韩文和东南亚 4 个部，是专门收藏与东方文化有关的馆内机构。据统计，共藏有中国古代的善本书籍

美国国会图书馆亚洲部，藏有中国古代的善本书籍 5 万多册，最早的作品是公元 975 年北宋早期佛经的木版印刷品

5 万多册，还有 4000 多种共 6 万余册的中国地方志，其中的 100 多种是中国国内的孤本。宋史珍贵资料《永乐大典》残卷 14 卷、清朝《古今图书集成》以及"太平天国印书"等都收藏于此。

美国最高法院 U.S. SUPREME COURT　　070

最美理由 /
　　在美国社会、最高法院的各项裁决对各阶层都有着深远的影响。作为美国法律的最终仲裁者及宪法自由的保护者，美国最高法院所担负的重任是保证"法律下的公平正义"。最高法院以采自世界与美国本土各石场的大理石为主材料而建造。洁白的科林斯式建筑规模宏伟、装饰气势磅礴，并与国会大厦遥相呼应，将美国司法于三权分立政体下的独立彰显于建筑之上。

最美季节 / 全年皆宜
最美看点 / 主楼、大厅、东庭
最美搜索 / 哥伦比亚特区

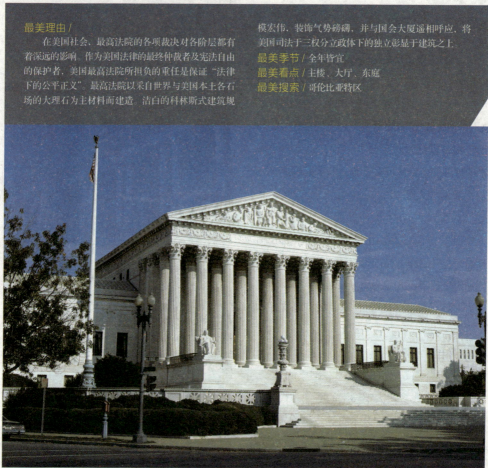

美国联邦最高法院是美国最高审判机构，由总统征得参议院同意后任命的 9 名终身法官组成

　　美国最高法院是处理美国宪法及法律程序中产生的案例及争议的最高机构，是唯一由宪法规定的联邦法院。1790 年根据《美利坚合众国宪法》成立于首都华盛顿。1869 年根据国会法令规定由首席法官 1 人和法官 8 人组成，9 位大法官中，有 1 位是美国首席大法官，其产生过程与另外 8 位大法官一样。法官均由美国总统征得参议院同意后任命，只要忠于职守，可终身任职，非经国会弹劾不得免职。

　　最高法院的落成并非一帆风顺。最高法院最初的会议地点是在纽约的商品交易大楼，之后随首都迁至费城与华盛顿。最高法院东

西距离117.3米，南北相隔92.7米，是建筑
与雕刻的集大成者，更从细节入手，宣扬着
司法权力的至高无上。在宽厚的暗紫色的帷
幕前，大法官们身着黑色法袍，一字排开坐
在高高的法官席上。根据美国的《案例法》规
定，法院为"公共场所"、"必须对外开放"，
具有它真实的意义。

主楼

主楼椭圆形庭院前的旗柱基座，以天平、
宝剑、书、权杖、火炬等为装饰，而灯柱的基
座上，则是传统的执天平与宝剑的蒙眼法律女
神图案。西厅主入口前的石级两侧，是弗瑞策
雕刻的"正义之思"与"法律之威"两尊塑像。
拾级而上，16根大理石柱撑起门庭。三角形
的门楣上用浮雕记载着西方法律演变史中的主
要事件。

大厅

推开记载着西方法律演变史的铜门，在
走廊尽头的橡木门后，便是美国法律最终裁量
之所——占地693.5平方米的最高法院法庭。
法庭以赭色意大利大理石柱为梁，象牙纹西班
牙大理石为墙面，非洲大理石为地板，配以桃
花心木家具，更显庄严肃穆。法庭四周，环绕
着由威曼设计并完成的各长12.2米、高0.6米
的人物组雕。在法官席后的东墙，以法律、治
理、智慧、正义为首的群像，象征着捍卫民主、
民权的力量。与之对应的西墙上，同样以象征
手法，展示着善良与邪恶之争。南、北两墙上，
推动法律进程的主要历史人物组成的画卷，倾
诉着设计者对法律的理解与领悟。

TIPS

📍 **地址** 位于华盛顿东国会大道，可乘地铁于联合站
或马里兰站下车。

🛎 **贴士** 1. 法院大楼免费参观，要保持安静。
2. 法院大楼周一～周五9:00～16:30开放。
3. 自2010年5月5日起，出于安全考虑，
正门关闭，进入大厅从两旁侧门进入。

美国最高法院建筑刻着诸多文化先贤的雕像，包括中国的先哲孔子

东庭

这里有着与主入口一致的三角门楣，门
楣上协调排列着的16个各有含义的人物，以
摩西、孔子、梭伦为中心，是主建筑师吉尔伯
特和艺术家麦克尼尔向东方文化独具匠心的致
意。辅助雕刻是表现执法、仁慈、进步、神圣
以及最高法院管辖权的造型。

国家美术馆 NATIONAL GALLERY OF ART　**071**

最美理由 /
　　由两座风格迥然不同的花岗岩建筑组成的国家美术馆，是世界上建筑最为华美、藏品最丰富的美术馆之一。中央大厅中的喷水铜像墨丘利逼真、生动，天花板上的透明玻璃通透敞亮，东西两馆则是新古典式建筑与全新现代化建筑风格的完美对话。馆内藏有艺术品达 4 万多件，其中不乏达·芬奇与拉斐尔等世界名画家的珍贵之作。

最美季节 / 全年皆宜
最美看点 / 中央大厅、东馆、展览区
最美搜索 / 哥伦比亚特区

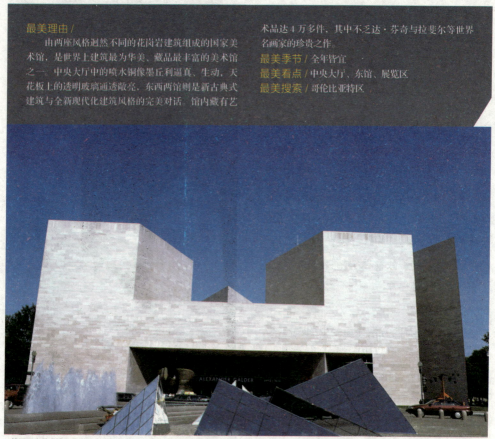

美国国家美术馆里是世界上建筑最精美、藏品最丰富的美术馆之一，这座艺术品宝库收藏的欧洲从中世纪到现代，从美国殖民时代到现代的艺术品大约有 4 万多件

　　世界上建筑最为精致、藏品最为丰富的美国国家美术馆坐落于国会大厦西侧。这里收藏了欧洲中世纪至今、美国移民时期到现代的艺术品 4 万多件。美术馆二层设有画展区，展出了大量不同时期的绘画作品，达·芬奇、拉斐尔等世界著名画家的作品也收藏在此。

　　国家美术馆外形采用古罗马式，由美国曾连任三届财政部部长的梅隆捐助修建，并指定著名建筑师波普设计，由两座风格迥然不同的花岗岩建筑组成，一座在西，为新古典式建筑，有着古希腊建筑风格；一座在东，是一幢充满现代风格的三角形建筑。两座建筑共同组成了美国国家美术馆。游客浏览时可通过地下长廊，往返于东西两馆。

中央大厅

大厅采光极佳，来访者在踏入大厅的一刹那就会被其沉稳的建筑风格所震撼，让浮躁的心灵瞬间得到安宁。大厅内部共有16根大型墨绿色石柱，都是由意大利采集、加工之后运至华盛顿安装。中央大厅采用了古罗马式风格，中央喷水池建有快乐男孩墨丘利，形象生动、逼真，好像可以感受到他将智慧通过喷射的泉水洒满世间。水池旁种植了大量玫瑰花、美国雏菊，色彩艳丽，缤纷多姿。

东馆

为国家美术馆西馆的扩建部分，于1978年落成，包括展出艺术品的展览馆、视觉艺术研究中心和行政管理机构用房。由贝聿铭设计。东馆以三角形大厅作为中心，展览室围绕它布置。观众通过楼梯、自动扶梯、平台和天桥出入各个展览室。馆顶为25个棱锥形钢网天窗，可以合理利用天窗的折射为东馆内部进行自然采光，且光线柔和，适合阅读与观赏藏品。

展览区

设于美术馆二层，共有125个展厅，各类展厅分为威尼斯及意大利北方文艺复兴时期绘画、佛罗伦萨及意大利中部文艺复兴时期绘画、17～18世纪意大利绘画、美国绘画、英国绘画等相对集中的主题，向参观者展示艺术大师的珍品。包括达·芬奇的《吉内夫拉·德本奇像》、拉斐尔的《圣母图》、凡·爱克的《圣母领报图》、马奈、莫奈等欧洲古典艺术大师的作品都在这里展出，可以说是来华盛顿旅游不可错过的享受艺术熏陶的好去处。

贝聿铭与美国国家美术馆东馆

美国国家美术馆扩建时，其东馆设计师，就是设计了卢浮宫入口的著名华裔建筑师贝聿铭。由于用地是直角梯形，贝聿铭经过长期测量，大胆地构思出一座线条简洁的几何形建筑，即主体由等腰三角形与直角三角形组成。等腰三角形是展览厅，三个角分别建成高塔状，其底边是大门，正对西馆；直角三角形为图书档案馆和行政管理区，形象既简洁实用又前卫生动，而且极富视觉冲击力。

美国国家美术馆不仅收藏着很多全球艺术经典，后现代派设计同样在此占据显著位置

华盛顿纪念碑 WASHINGTON MONUMENT　072

最美理由 /
　　耸立在苍翠的美国华盛顿国家草坪中央的华盛顿纪念碑是为了纪念第一任美国总统乔治·华盛顿而兴建，塔高169米，内部中空，是世界最高的石质建筑。华盛顿特区有明文规定，不得建造高度超过此塔的建筑。153米高度上设有瞭望台，有电梯可直达，游人

登顶后可远眺华盛顿特区、马里兰州和弗吉尼亚州的景色

最美季节 / 4～9月
最美看点 / 尖顶、内墙、顶层
最美搜索 / 哥伦比亚特区

　　在白宫的正南方，即是美国国父华盛顿的纪念碑。它位于市中心，与国会大厦、林肯纪念堂两大历史性建筑物同一坐标。纪念碑为大理石修筑，底部面积为39平方米，高169米，内有50层楼梯，可乘坐电梯于70秒到达顶端。在这里可眺望整个城市，四周方方正正的草坪与规划整齐的建筑物使这里极被人们重视，显示出了美国国父在公民心中的重要性。

　　纪念碑建成于1885年，修建经费由全美国公民每人捐助1美元募集而来。整个碑身上没有一处文字，因为华盛顿已用他的永留世间的高尚人格魅力书写了一切。常有老人带着孩子来此登上纪念碑，留下他们崇敬的脚步。

尖顶

　　尖顶重达1496.9千克，于1884年12月16日被安放在纪念碑的顶部，标志纪念碑的最后完工。整个纪念碑高为169米，顶端为金字塔式小尖顶，锐气逼人，是华盛顿的制高点，无论你从任何方向来到华盛顿，首先

映入眼帘的就是这座用来纪念华盛顿伟业的纪念碑。

内墙

　　纪念碑内墙镶嵌着188块由私人、团体及全球各地捐赠的纪念石，其中包括清朝宁波府所赠的文言文石碑，碑上文字取自徐继畬的《瀛寰志略》。纪念碑的四周是碧草如茵的大草坪，这里经常会举行集会和游行。纪念碑内共有898级台阶盘旋直上顶端，游人多选择电梯参观纪念碑。

顶层

　　乘坐高速电梯，经70秒钟运行可直上顶端。在顶层，通过8个观览窗口，首都华盛顿一览无余。重要建筑物尽收眼底，宽广无垠的波托马克河如同一面镜子，将周围美景折射在湖中，与远处的城市美景相互呼应，格外迷人。在每年7月4日美国独立日的夜晚，都要在华盛顿纪念碑周围燃放焰火，造型缤纷多姿的焰火竞相绽放，美不胜收。

TIPS

📍 **地址** 位于华盛顿市中心，在国会大厦、林肯纪念堂的轴线上。

ℹ️ **贴士** 开放时间：9:00 ~ 17:00。

华盛顿纪念碑西南侧种植着几千株已有百年历史的樱花，每年早春樱花绽放之时，辉煌的纪念碑在绚烂花海的衬托下，显得格外壮观

林肯纪念堂 LINCOLN MEMORIAL　073

最美理由 /
　　整齐的国家大草坪西侧，立有一座通体雪白、由花岗石和大理石建造而成的古罗马式神殿建筑物，这就是为纪念美国第十六任总统亚伯拉罕·林肯而修筑的林肯纪念堂，它与国会大厦和华盛顿纪念碑成一直线，每天都被无数游客瞻仰。在纪念堂和华盛顿纪念碑之

间的倒影池清澈见底，池水中的倒影与岸上景色交相辉映，气势恢宏，震撼人心。
最美季节 / 全年皆宜
最美看点 / 外观、林肯坐像、内部展厅
最美搜索 / 哥伦比亚特区

林肯纪念堂位于在华盛顿国家大草坪西端，与东端的国会大厦遥遥相望，是一座用通体洁白的花岗岩和大理石建造的古希腊神殿式纪念堂

　　林肯纪念堂，被视为美国永恒的塑像及华盛顿市标志，是华盛顿最受欢迎的景点之一。纪念堂于 1922 年竣工，位于华盛顿的国家大草坪西端，是由切割整齐的白色花岗岩和大理石建造而成的古希腊神殿式纪念堂，整个建筑气氛庄严、气势非凡。在纪念堂台阶下，向华盛顿纪念碑延伸，还配套建成了约 610 米长的倒影池。在林肯纪念堂前东望，倒影池正好倒映出华盛顿纪念碑长长的碑身，看起来顶天立地。从华盛顿纪念碑下西望，可以发现洁白的

林肯纪念堂倒映在水中，充满神圣庄重之感。
　　已故总统林肯是美国最受尊敬的总统之一，他为美国的解放奴隶和统一做出了杰出贡献。他从社会底层看出奴隶制的丑恶，揭穿"人人生来平等"的虚伪面纱。虽然他被暗杀，但他的精神将永远存在于美国公民的心中。纪念堂内一座大理石的林肯雕像放置在纪念馆正中央，神情庄重，给人以威严之感。使人不禁联想起这位优秀的美国总统的生前事迹。许多参观者都饱含热泪，对林肯总统的雕像深深鞠躬。

整个纪念堂外观极具美国建筑代表性，采用建筑材料的数量也与当时林肯在位时数字相同。建筑物呈长方形，是一座仿照古希腊帕提侬神庙式的古典建筑，外部采用白色大理石，凸显其坚不可摧。外廊共由36根古希腊神庙式的厚重石柱支撑，象征了当时的36个州，顶部由48朵花纹装饰，代表纪念堂修筑完成时的美国48个州。

林肯坐像

进入纪念堂，正中是一座大理石林肯坐像。在这座雕像中，林肯面容瘦削，面部表情严肃。座椅扶手像两根巨柱一样竖立在雕像旁，增加了雕像的稳定感，也更加增强了对林肯坚毅性格的表现。坐像非常传神，林肯的目光穿过大门，注视倒影池对面擎天一柱的华盛顿纪念碑，还有大草坪尽头的国会大厦。雕像高达8.5米，由28块石头雕成后拼接而成，看上去浑然一体。整个雕像的花费为88400美元。雕像上方是一句题词——"林肯将永垂不朽，永存人民心里"。

内部展厅

林肯坐像左侧墙壁上，镌刻着林肯连任总统时的演说词；右侧则刻着著名的盖茨堡演说。周围还装饰有关解放黑奴、南北统一，以及象征正义与不朽、博爱与慈善的壁画。此外，堂内还陈列着一些有关林肯总统的展品。馆内下层大厅

主题为林肯传奇，是由学生们所设计的长期展览室。由朱尔士·古耳林所制作的壁饰，以讽喻的手法，巧妙地表达出解放黑奴和国家再统一的主题。

林肯雕像是林肯纪念堂的精华，坐像左侧墙壁上，镌刻着林肯连任总统时的演说词

白宫 THE WHITE HOUSE 　　　　　**074**

最美理由 /

一座白色的二层小楼便是美国总统府，白宫建筑群带有浓厚的英国建筑风格，又在随后的主人更替中一层层融入了美国建筑的风格。朴素、典雅，构成白宫建筑风格的基调。对于普通人来讲，总统府充满了神秘的色彩，举办舞会的东大厅、绿绒装饰的绿厅、肯尼迪夫人偏好的蓝厅以及贵宾使用的红厅都为游人所津津乐道。白宫部分建筑在规定时间向全世界公民开放，从一个侧面也反映出美国的"自由"与"平等"

最美季节 / 3～6月

最美看点 / 蓝厅、国宴厅、总统花园

最美搜索 / 哥伦比亚特区

白宫是一幢白色的新古典风格砂岩建筑物，因为是美国总统的居住和办公地点，常作为美国政府的代称

白宫是美国总统和政府办公的场所。由著名的美籍爱尔兰人建筑师詹姆斯·霍本设计。建筑材料采用弗吉尼亚州所产的一种白色石灰石，颜色呈灰白色，1902 年由罗斯福总统正式命名为"白宫"。白宫共占地 7.3 万多平方米，由主楼和东、西两翼三部分组成。在白宫修建之初，华盛顿总统就提出：它绝不能是一座宫殿，绝不能豪华，因为在这里工作的主人是国家的仆人，因宽敞、坚固、典雅，给人一种超越时代的感觉。

白宫作为总统的办公地点，每天都接待着无数政要人员，似乎每个房间都有说不完的故事。每位总统和他的家庭都按自己的喜好和审美品位来布置白宫，使这座古老的房子随着光阴的流逝和主人的更换而呈现出千姿百态的模样。现在白宫的主人是巴拉克·侯赛因·奥巴马。白宫现在供游人参观的部分主要是白宫的东翼，包括底层的外宾接待室、瓷器室、金银器室和图书室，一层的国宴厅、红厅、蓝厅、绿厅和东大厅。它是世界上唯一定期向公众开放的国家元首的官邸。

蓝厅

充满法国皇家气派，室内以蓝色为主，饰以金边花纹的墙壁，衬托出蓝厅豪华的风格，因此这个房间经常用来招待贵宾：其中包括 1878 年到访的第一位清朝中国使节。克利夫兰总统的婚礼就是在蓝厅举行的，每年白宫圣诞树也固定在这里闪耀。蓝厅之下是

外交使节接待室，是专供各国大使呈递到任国书之处。

国宴厅

位于红厅旁，正中摆放一张门罗时期的长桌，桌上用手工雕刻有精美的花边纹理，可谓白宫的精品。国宴厅可容纳 130 位宾客用餐，在大理石壁炉上方铭刻着第一位白宫主人亚当斯在 1800 年 11 月 2 日写给夫人信中的一段话："我祈求上苍赐予最大福分给这所房屋和所有此后居住的人，但愿只有诚实和智慧的人住在此屋檐下。"

总统花园

白宫南面是一个由粗大的乳白色石柱支撑的宽大门廊，正面 4 根，旁边各 2 根。门廊的正前方就是著名的总统花园。总统的直升机可在此起落。园内，灌木如篱，绿树成荫，水池中喷泉喷珠吐玉，高数十米。四周花圃，姹紫嫣红。南门前两侧 8 棵枝繁叶茂、生机勃勃的木兰树，已有 150 年树龄。国宾来访时，都要在南草坪举行正式欢迎仪式。每年春天的复活节时，总统和夫人都要在这里举行传统的游园会。

五角大楼 THE PENTAGON　　　　　075

最美理由 /
　　五角大楼因从空中俯瞰呈正五边形而得名。它是美国最高军事指挥机关美国国防部的总部所在地，也是全世界最大的办公大楼，可容纳2.5万名职员。其独特的造型使无论从大楼内何处出发，都能在7分钟内到达距离最远之处。五角大楼内设施齐全，餐厅、商店、邮局、银行、书店等服务设施一应俱全；铺有金色地毯的参谋长联席会被称为"国防部灵魂"。"9·11"后大楼进行了修复，并开有专门纪念这一事件的展厅供游人哀悼。

最美季节 / 6 ~ 9 月
最美看点 / 一层大厅、英雄厅、"9·11"展厅
最美搜索 / 哥伦比亚特区

　　五角大楼名如其建筑，从空中俯瞰，建筑物呈正五边形。它位于华盛顿市西南部的波托马克河畔的阿灵顿区，是美国国防部办公所在地，同时也是美国最高军事指挥机关所在地。内部设施一应俱全，甚至连书店都可以找到。外部有四个大型停车场可停放近1万辆汽车，如同一座大型写字楼。

　　五角大楼成为美国国防部的代称是从第三十三任总统杜鲁门建立的国防部在此办公开始的。1993年，美国内政部把五角大楼评定为国家历史性标志。但因为其独有的身份，"9·11"事件使这里成为袭击目标，造成184人死亡。为纪念这一沉痛历史，大楼内特设了展览厅，向游客讲述这段悲剧。五角大楼对外开放，内部配有专业导游，成团参观。其训练有素、干练机敏的导游方式，给游客留下了极深印象。

　　五角大楼是世界上最大的办公楼，这座由5幢楼房连接而成的等边五角形建筑物，占地面积近236万平方米，建筑面积60.8万平方米，外墙每边长281米，楼高约22米，共

有5圈，一圈套一圈。据说，国防部领导人和高级将领的办公室在最外面一圈，可以看到窗

外美丽的景色。每幢楼的高度也是 5 层,有"国防部灵魂"之称的参谋长联席会议位于第二层铺有金色地毯的"金厅",国防部部长办公室和陆军部办公室在第 3 层,海军部和空军部分别位于第 4 层和第 5 层。在五角大楼共有 2.3 万名工作人员,包括军人和非军人。大楼里的邮局每月处理约 120 万份邮件,8.7 万台电话机每天拨打 20 多万个电话,可见这个世界上最大的军事指挥中心的忙碌。

一层大厅

进入大楼后,正面是两层楼高的美国国旗,仔细看,这面国旗是由人的照片组成的,

TIPS

📍 **地址** 位于华盛顿哥伦比亚特区。

📍 **贴士** 1. 门票:免费,需预先向国会议员申请。
2. 游客需登记后以组团形式参观,配备免费导游。

这是在伊拉克阵亡的美军士兵的照片。为纪念这些将士,五角大楼特意设计了这面国旗墙,每年悼念日,都会有老兵前来看望已故的战友。另外一层大厅内还有银行、邮局、书店、诊疗所、电报局以及各种商店,设施齐全,以提供大楼内工作人员的日常所需。

英雄厅

坐落在五角大楼三层的一角,为纪念独立战争以来的"最高荣誉勋章"获得者而设。这里挂着 3000 多块铜牌,上面镌刻着他们的姓名、籍贯和简历。还有马歇尔、艾森豪威尔和麦克阿瑟三个元帅的"纪念走廊",陈列着他们各时期的照片、军装、勋章、手枪,以及他们所签署的命令、文物等。

"9·11"展厅和五角大楼纪念园

在五角大楼参观的重要项目,是来到被飞机撞毁的部分,那里现在已经完好如初,但是有一个小小的展厅,缅怀遇难者。窗外,是 2008 年竣工的五角大楼纪念园。184 名遇难者都在此拥有一个独立的"纪念单位",他们的名字被永久镌刻。125 个纪念单位面向五角大楼,他们是在五角大楼里遇难的人;59 个面向另一个方向,那应该是里根机场的方向,他们是美国航空公司 77 号航班上的乘客。

作为美国国防部所在地,"五角大楼"一词不仅仅代表这座建筑本身,也常常用作美国国防部、甚至美国军事当局的代名词

好莱坞 HOLLYWOOD　　　　　　　076

最美理由 /
　　作为美国电影流行文化的象征地，好莱坞让不同文化背景、不同肤色的人们从电影世界获得了另一种交流方式。星光大道上一颗颗名字耀眼的五角星、售卖电影商品以及高档服饰的日落大道、留有明星手、脚印的中国戏院以及可能撞到大明星的环球片场……

好莱坞的一切一切，都能让人兴奋。这里制造着生活中的"奇迹"，也制造着现实生活以外的美好。

最美季节 / 6 ~ 10 月

最美看点 / 中国戏院、日落台、好莱坞星光大道、派拉蒙电影城

最美搜索 / 加利福尼亚州

中国剧院是许多传奇影片的首选场地，两根雍容的珊瑚红巨柱挑起高大的铜顶

　　好莱坞是举世闻名的电影"梦工厂"，坐落于洛杉矶西北部。1907 年，导演弗朗西斯·伯格斯来到洛杉矶拍摄电影《基督山伯爵》，从而发现好莱坞的自然风光和宜人的气候非常适于拍电影，于是接连以好莱坞为天然背景，拍摄了多部影片。1912 年，好莱坞逐渐成为电影拍摄集中地。写有"好莱坞"英文"HOLLYWOOD"的白色大字设在山坡之上，成为当地的象征。

　　在好莱坞市中心的中国戏院和柯达剧院，一直是很多影片的首映地点。每天成千上万的游客自世界各地蜂拥而来，想亲手抓住好莱坞的一丝星光。即使不能看到明星，在中国戏院门口的明星手印、足印还有好莱坞大道上为纪念各位明星所留下的星星标志，都会让影迷们发出阵阵欢呼。

中国戏院

中国戏院以其宽大的庙宇外观成为好莱坞最重要的景点之一。自 1927 年开业以来，共有 173 位明星在此留下了足印。每个影迷来此都会伸出手掌与崇拜的明星手印进行对比，仔细研究，拍照留念。

日落台

位于西好莱坞。这里聚集了无数服装店、特色餐饮及咖啡厅。华灯初上，这里就像换了副面孔，无数的年轻人在这里的各类夜总会、迪厅中疯狂地释放自我，多彩的霓虹灯让人炫目。很多大牌明星也喜欢到这里休闲购物。

好莱坞星光大道

在好莱坞大道与藤街延伸的人行道上，用水泥浇灌了 2000 多颗镶嵌有名人姓名的五角星奖章，这是好莱坞商会用来嘉奖他们对于娱乐业的贡献。这一奖励对娱乐界的明星们来说，极为珍贵，甚至等同于美国的奥斯卡小金人。

派拉蒙电影城

是好莱坞目前仅存的片场。在这里游客可以看到电影的拍摄过程，和许多在电影中出现过的经典道具。如果你运气好的话，还可以目睹明星们拍片的场面。

日落大道

从洛杉矶市中心的菲格罗亚街（Figueroa Street）延伸至位于宝马山花园（Pacific Palisades）的日落大道（Sunset Strip）长约 27 千米，好莱坞名流文化的标志符号，好莱坞星光璀璨的代名词。两旁是绵延的棕榈树和林立的电影广告牌是日落大道最经典的景色，街道两边

TIPS

地址	位于加利福尼亚州洛杉矶市区西北郊。
贴士	1. 派拉蒙电影城参观免费，以 15 人一组成团进入。
	2. 10 岁以下儿童谢绝参观片场。

中国剧院前的好莱坞星光大道是全球电影界的焦点，每颗星星都代表着对艺术家的敬意

林立着许多欧洲风情的露天酒吧、咖啡店、餐厅和时尚名品店，随处可以见到光鲜时尚得像潮流杂志模特的男男女女，你可以随意踏进路边任何一家音像店，看看陈列在柜台上的老唱片，重温多年前让你心动的旋律，度过一个闲适的下午。也可以想象一下居住在这里的富人生活。2011 年，日落大道山顶一座仅仅包括 4 间卧室和 7 间浴室的小楼标价就高达 1375 万美元，堪称时尚和奢华的典范。

迪斯尼乐园 DISNEY LAND　　　077

最美理由 /

　　迪斯尼乐园是成年人孩童时代的梦想圆梦处，这里不光有孩子，成年人也将这里视为游乐天堂：梦幻般的城堡大门向游客开启，刺激的冒险园、风情万种的新奥尔良广场、童趣盎然的小小世界——童话园、科幻味十足的未来园以及好朋友米奇老鼠的卡通小镇让每个人脸上都露出孩子般的笑容。卡通人物的街头游行随时欢迎游客的加入，晚间的烟花表演更将兴趣推向了高潮，让人流连忘返。

最美季节 / 7 ~ 10 月
最美看点 / 美国大街、冒险园、未来园、奇幻世界
最美搜索 / 加利福尼亚州

迪斯尼乐园，是一座融现实和梦想于一体的童话之城，一座欢声笑语无止境的想象之城

　　位于洛杉矶市东南的迪斯尼乐园是世界上最大的综合性游乐园。该乐园建立于 1955 年，由美国动画片之父沃尔特·迪斯尼出资修建。它的创办，标志着全世界娱乐业第一家主题公园的建立。这里不仅有大型的电动娱乐设施，更有卡通人物大游行及晚间的焰火表演，每年都有上千万游客来此观光游玩，体验一把"动漫之旅"。

　　迪斯尼主题游乐园含有主街、冒险园、动物王国等 8 个主题公园。每个主题公园都如同其名称一般，带领游客进入一个多姿多彩的国度之中。美国大道上穿着牛仔服装的公园演员骑着高头大马向游客摆出帅气的造型，年代悠久的老爷车里坐着大胡子老爷爷，米老鼠唐老鸭走向游人拉着小朋友一起狂欢……每一个

走进乐园的人都仿佛找回了童年的时光，在这里久久不愿离去。

美国大街

是进入迪斯尼乐园主题园区的第一站，有"时光隧道"的效果。时间在这里永远停留在20世纪初期的美国，街上商店林立，热闹非凡。游客还可以坐上老式汽车，参观这里的充满幻想情趣的建筑。

冒险园

结合了非洲、亚洲与南太平洋许多原始区域的风景特色，以一条河流贯穿整个园区，两岸展现浓烈的非洲丛林风情，是充满野性的世外桃源。其中"印第安琼斯冒险"很受欢迎。在这里可以乘坐着海盗船"加勒比"号，摇摇晃晃地进入神秘的海盗世界，一窥藏身于"海底"之中的海盗宝藏及黑暗的海盗生活。

TIPS

📍 **地址**　位于洛杉矶东南大约57公里处。

🎫 **贴士**　1. 门票：69美元。
2. 开放时间：9:00～18:00(夏季8:00～24:00，开门时间随季节、星期而有所调整，主题区的时间也不尽相同，最好打电话确认）。

未来园

充满金属质感的时代穿梭火箭在轨道上急速行驶，无数尖叫声被风声淹没，外太空的背景让游客身临其境，彻底感受未来世界的探秘之旅。

奇幻世界

著名的睡美人城堡是最具代表性的建筑，在这里可以感受充满奇幻与梦想的神秘殿堂。剧场定时为观众提供睡美人经典剧目的演出，场场爆满。马特洪滑橇精彩刺激，中途会有雪人攻击。

在迪斯尼乐园，所有人的脸上，都洋溢着最纯真的欢笑和感叹

金门大桥 GOLDEN GATE BRIDGE　　078

最美理由 /
　　金门大桥是人类建筑史上一个里程碑式的成就，它与美国西海岸的自然风光交相辉映。大桥于 1937 年开通，耗资 300 万美元。桥长 2780 米，是世界上最大的单孔吊桥之一。桥中心高度距海面 67 米，两端有两座高达 227 米的塔。整个大桥周身橘黄，两端矗立着钢柱，用粗钢索相连、显示出力量之美。设计者施特劳斯的铜像安放在桥畔。今天的金门大桥每天约有 10 万辆汽车从上而过，是世界上最繁忙的桥梁之一。

最美季节 / 全年皆宜

最美看点 / 钢塔、桥身、桥面、桥下的雾气

最美搜索 / 加利福尼亚州

金门大桥是世界上最大的单孔吊桥之一，也是全球最美的大桥之一，其浑然天成的独特气质，被视为旧金山的象征，夕阳西下时的唯美景观更会使人迷醉不已

金门大桥雄踞在美国加利福尼亚州的金门海峡上。海峡是"西海岸门户"圣弗朗西斯科（旧金山）的入口，宽1900多米，两岸陡峻，航道水深，越发显示出大桥的壮观。桥一端连接北加利福尼亚，另一端连接旧金山半岛。在淘金热时期，这座桥如同通往金矿的一扇大门，因此被命名为"金门大桥"。"旧金山，敞开你的金门吧！"每一位来旧金山的游客，都会为这座大桥而心潮澎湃，热血沸腾。金门大桥竣工于1937年，大桥包括从钢塔两端延伸出去的部分，全长2780米，是世界上最壮观的大桥之一，花费4年半时间建造，使用了10万多吨钢材，工程量可见一斑。

钢塔

当船只驶进旧金山时，举目远望，大桥的巨型钢塔首先就会映入眼帘。钢塔耸立在大桥南北两侧，高342米，其中高出水面部分为227米，相当于一座70层高的建筑物，衬托出桥的宏伟。钢塔之间的大桥跨度达1280米，也为世间罕见。从海面到桥中心部的高度约60米，宽敞高大，即使涨潮时也不会影响大型船只的通过。

桥身

金门大桥在桥梁建筑学上是一个创举：它只有两大支柱，并非利用桥墩支撑，而是由桥两侧的弧形吊带产生的巨大拉力，把沉重的桥身高高吊起。塔的顶端用两根直径各为92.7厘米、重2.45万吨的钢缆相连。钢缆两端延伸到岸上，锚定于岩石中。大桥就是凭借着两侧这两根钢缆所产生的巨大拉力，将桥身高悬于半空之中。金门大桥的颜色是红、黄、黑混合的"国际橘"，横卧于碧波之上，头枕白浪，如同巨龙腾空，恰似长虹飞跃。每当华灯初上，大桥在夜景中增添了几分魅惑。

桥面

桥面宽27.4米，有6条车行道和两条约1.2公里长的人行道，平均每天有10万辆车的客流量。在桥两端临海湾的一侧设有观景台和停车场。"金门大桥之父"工程师施特劳斯的铜像安放在桥畔，只见他神情自若，永久地注视着自己的杰作。桥上风大时，有时会发生"风"锁大桥的情况。大桥经雨淋之后钢索会生锈，粉刷匠日复一日地为钢塔刷上油漆，或更换钢索。

桥下的雾气

壮丽雄伟的金门大桥居然是世界上"最受欢迎"的自杀目的地！每年都有超过20起自杀事件，截至目前已有1200多人在此纵身而下。这些自杀者中有的只因"牙疼难忍"而自杀，其中也不乏名人命送于此，如"维多利亚的秘密"内衣创始人罗伊·雷蒙德。据说是因为从金门大桥往下看，常有雾气萦绕不散，使人产生幻觉，自感人类之渺小，生命之无常。于是，选择纵身而下便被视为很美很浪漫的事。说到底，还是因为金门大桥建筑的精美，精美得似乎邪恶，让它成为撒旦的微笑。

金融区 FINANCIAL DISTRICT　079

最美理由 /
旧金山的金融区有"西岸华尔街"之称。高楼林立的商业街区一幢幢摩天大楼让人连连惊叹，样式、风格各不相同的建筑物让人徘徊在历史与现代之中。华灯初上，一片耀眼的霓虹灯下，金融区如同满身金粉的贵妇一般摄人魂魄。泛美金字塔、美洲银行总部以及洲际中心酒店如同三座山峰一般屹立于此，让人流连忘返。

最美季节 / 7～10 月

最美看点 / 泛美金字塔、恩巴卡德罗中心、威尔士法戈历史博物馆、漫画博物馆

最美搜索 / 加利福尼亚州

旧金山的金融区有"西岸华尔街"之称。漫步金融区最大的乐趣，就是欣赏高耸入云的摩天大楼，旧金山，也是全美摩天大楼最集中的城市之一

金融区是旧金山经济、文化发展的集合点，同时也反映出了美国建筑业的至高水平。它的历史可追溯到 19 世纪 30 年代，这座新兴城市开始改建，金融机构和上层阶级被设置在了市场街的北部。19 世纪五六十年代，随着旧金山金银矿的发现，城市财富骤增，新兴的银行和金融机构开始陆续建造，逐步形成了现在的金融区。

在海岸沿线出现，以蒙哥马利大街为中心的周边地区开始赢得"西部华尔街"的称号。当 1866 年加丹银行在加利福尼亚大街建成的时候，这里成了该地区最著名的商业地区。

1890 年以后，市中心开始了真正意义上的成长。第一批钢架结构的摩天大楼建造起来了，其中由丹尼尔·伯翰姆设计的罗马式风格的米尔斯大楼，毅然挺立于蒙哥马利大街。当政府对该地区新建建筑的高度和密度限制时，新的摩天大楼的开发开始转向市场街的南部。金融区是旧金山商业活动的中心，蒙哥马利大街依然是这一地区的主动脉。

泛美金字塔

该塔是美国旧金山最高的摩天大楼和后现代主义建筑。它坐落于历史悠久的蒙哥马利区，建筑高度为 260 米，共有 48 层，主要用途为商业办公，因为其独有的高度，无数游客都要来此参观。泛美金字塔大楼造型奇特，是旧金山地标中的重要组成部分。大厦于 27 层设有观景台，但"9·11"恐怖袭击事件后被关闭。大楼顶部安装有铝制材料，在休假季节、感恩和独立日，楼顶会亮起一束白光，整个建筑物被白光包围，如同神迹。

恩巴卡德罗中心

位于金融区的中心部，形成了巨大的购物街和金融街，仿佛纽约的华尔街。此购物区在 1981 年开放，经过了 10 年工程才完成，是旧金山最大的再开发计划。此中心以 5 栋建筑和一个大广场为主。第 1 ~ 4 栋 13 层大厦，里面拥有专卖店、书局、运动用品店和餐厅等200 多家商店，并且处处布置了各国艺术家的作品。在其第 5 栋屋顶上坐落的旋转餐厅是观赏全旧金山夜景的最佳处。

威尔士法戈历史博物馆

经常举办趣味性的互动展览以及展出有

TIPS

📍 **地址** 位于旧金山市联合广场以东三街区处，蒙哥马利街道及附近地区。

📖 **贴士** 1. 泛美金字塔开放时间：周一 ~ 周五 8:30 ~ 16:20；周六、周日关闭。
2. 威尔士法戈历史博物馆开放时间:周一~周五 9:00 ~ 17:00。

金融区绝不是单调的水泥森林，很多不经意的精致细节，亦会使你在悄然回眸后回味不已

关威尔士法戈、旧金山和加利福尼亚早期历史的艺术品。展览品包括一辆早期的公共马车，采矿工具，黄金，古老的地图、照片以及有关1906 年大地震的人工制品。

漫画博物馆

于 1984 年建设，是为漫画原稿的收集、研究、保持及展示开设的专门漫画博物馆。此博物馆收藏自 18 世纪到现代的 1 万多件漫画作品，包括报纸连载漫画、漫画书、广告漫画、动画片等。并展示查理·布朗，大力水手和沃尔特·迪斯尼漫画人物等。

诺布山 NOB HILL　080

最美理由 /
　　旧金山市中心最高的一座山——诺布山是旧金山最有贵族气质的地区。1878 年第一部缆车直达这座山坡时，因淘金热而身价百倍的富豪便在山上盖起了美轮美奂的巨宅，这些豪宅在 1906 年的大地震中毁于一炬。今日诺布山仍是旧金山的高级住宅区，幽静舒适的居住环境、豪华的酒店和宏伟的大教堂，以及绿树成荫的亨廷顿公园使这里再度成为富豪与上流社会人群的集中地，使这座小山持续散发着往昔华贵优雅的气息。

最美季节 / 9 ~ 11 月
最美看点 / 费尔蒙特大酒店、马克·霍普金斯大酒店、葛瑞丝大教堂、亨廷顿公园
最美搜索 / 加利福尼亚州

诺布山惟我独尊的贵族气质，仿佛与生俱来，在这里和知名人士和青年精英的打个照面，是再平常不过的事情

诺布山高约 100 米，是旧金山市中心最高的一座山，也是旧金山最有贵族气派的区域。"诺布"是印度殖民地时代的辛都土语，意为"大富翁"或"有影响力"的意思。该地区形成于 19 世纪后期快速的城市化期间。由于风景秀丽，位置适中，西海岸的富人和名人在此兴建豪宅。其中包括富商巨贾，如斯坦福大学创始人利兰·斯坦福，和中央太平洋铁路"四大亨"的其他成员。1906 年旧金山大地震中，除了花岗岩墙包围的斯坦福和霍普金斯的豪宅外，其他建筑完全毁坏。

今日的诺布山成为一个富有的地区，高档酒店林立，以从前"四大亨"中的三位的名字命名的洲际马克·霍普金斯大酒店、斯坦福酒店和亨廷顿酒店气派非凡，奢华程度令人瞠目。除了大酒店和著名的葛瑞丝大教堂外，这里也是旧金山的高级住宅区，聚居着许多上流社会人士。高贵优雅的贵妇牵着世界名犬在亨廷顿公园里悠然漫步，享受着旧金山最"昂贵"的日光浴，这与街头的流浪汉们形成了鲜明的对比。因此，波士顿人有时也讥讽地称这里为"势利山"。

费尔蒙特大酒店

前身为银矿大亨詹姆斯·费尔的巨宅，由曾经设计过赫斯特古堡的著名建筑师朱丽亚·摩根于 1906 年重建，整个建筑极其宏伟。酒店中最为出名的是充满贵族气质的遮阳篷通道，以及铺有红地毯、垂有巨型水晶吊灯、竖有意大利大理石圆柱的华丽大厅，厅内设有下

TIPS

📍 **地址**　位于旧金山市加利福尼亚街和鲍威尔街的交叉路口，乘加利福尼亚电缆车和 1 路巴士于诺布山站下车即到。

📋 **贴士**　1. 诺布山酒店价格较高，最便宜均在 400 美元以上。
2. 不要在居住区长期停留，会引起住户反感，甚至报警。

午茶座与小花店。在第二次世界大战后，这里是联合国大会起草《大西洋宪章》的地点，在现代史上占有重要地位。

马克·霍普金斯大酒店

这里是铁路大亨马克·霍普金斯的故居，雪白坚固的大理石建筑以及法式圆窗，堪比法国乡间别墅，这里最为有名的是顶楼的鸡尾酒吧，可以俯瞰整个旧金山市景。

葛瑞丝大教堂

曾是铁路大亨查理斯·克洛克的故居。教堂于 1964 年完工，设计为新哥特式建筑，仿造巴黎圣母院。教堂壁画中不仅生动描绘了《圣经》故事，还记录了 1945 年联合国成立大会和 1906 年的旧金山大地震。这里最为著名的是描绘着科学家爱因斯坦和美国宇航员约翰·葛伦的彩绘镶嵌玻璃窗。

亨廷顿公园

位于诺布山中心，公园内景色优美，花开四季。园内以《圣经》人物为参照而设计的喷泉精美雅致，公共设施完善。周末常有女士带着儿童来这里嬉戏玩耍。

渔人码头 FISHERMAN'S WHARF　　081

最美理由 /

渔人码头是旧金山最神奇的地方，原本只是意大利渔民出海捕鱼的港口，却逐渐形成了一个著名的旅游景点。渔人码头的标志是一个画有大螃蟹的圆形广告牌，找到了"大螃蟹"，就到了渔人码头，也找到了旧金山品尝海鲜的首选地点。当地渔民捕鱼后直接在路边摆摊加工海鲜，其鲜美程度让游客垂涎。39 号码头场面壮观的海狮聚会让游客惊异万分，照相机的快门按了上百次也不忍离开。码头旁的百年老船记录着过往的烟云，让人在品尝美食与趣景中，深深爱上这个海滨胜地。

最美季节 / 11 月～次年 5 月
最美看点 / 海狮集会、蜡像馆、海德街码头
最美搜索 / 加利福尼亚州

渔人码头是旧金山的象征之一，原是意大利渔民聚集的渔港，后来，由于渔获量减少，才逐渐演变成观光景点，至今仍然保留着浓浓的南欧风情

　　来到旧金山必去的景点就包括渔人码头，这里原本是个意大利渔民出海捕鱼的港口，附近沿海盛产鲜美的螃蟹、虾、鲍鱼、枪乌贼、海胆、鲑鱼、鲭鱼和鳕鱼，渔民们每天凌晨 3 点起锚出海，下午收船返回码头，那时总会有一些好奇的人去观看他们的收获，甚至向他们购买，后来他们就干脆在码头边设摊贩卖海鲜，并把螃蟹、鲜虾放在锅中煮熟，做成鲜蟹和虾仁沙拉以飨游客，逐渐形成了渔人码头的一景。

　　除了海鲜美食以外，渔人码头还有博物馆、商店、书廊、古董店、餐馆、购物中心和纪念品店等。39 号码头和吉拉德利广场、罐头工厂以及安克雷奇广场一样，是一个海滨节日广场。渔人码头地区拥有旧金山海洋国家历史公园，吉拉德利广场和机械博物馆等景点。那里交通便利，搭乘轻轨运输线及鲍威尔——海德电缆车线，均可到达渔人码头。渔人码头

举办过许多大型活动，包括7月4日美国国庆节烟火表演等。

海狮集会

提到海狮很多人都会联想到水族馆中的海狮表演，而在渔人码头的39号码头可以见到场面壮观的海狮集会。成百头身躯肥硕的海狮，三五成群、性情慵懒、肚皮上露，自由自在地躺在木质的浮码头上，尽情享受着加州的温暖阳光。初次到访的游客，常惊异于海狮那此起彼伏的高昂叫声，然后立刻爱上这些憨态可掬的家伙。停泊在港湾内的私人游艇船主，对这些不速之客礼让有加。正是因为旧金山居民的保护与不断妥协，滞留在岸上日光浴的海狮数目越来越多，它们甚至反客为主，霸占39号码头长达数十年之久了。

蜡像馆

渔人码头蜡像馆位于杰弗逊街，大名鼎鼎的波丁酸面包工厂对面，内有多位电影明星和各界名人的蜡像，其中电影明星占大多数，如伊丽莎白·泰勒、迈克尔·杰克逊、丽莎·明

尼里和猫王都是仿制的对象。曾经馆方还把成龙施展中国功夫的架势做成塑像放在门口用以招徕，非常有趣。

海德街码头

杰弗逊街尽头的海德街码头边展出多艘百年老船，其中有一艘叫"巴尔克拉萨"号的三桅帆船，是1883年在苏格兰建造的。曾几何时，海德街码头是旧金山的光荣，载满货物的船队由欧洲经智利辗转停泊到这里，无论白天黑夜，码头工人都奔波不停。如今，它已完成了自己的使命，目前被改装成一座漂浮博物馆供游客上船参观。

渔人码头品种繁多的海鲜菜品向来最受老餮钟情，数不胜数的螃蟹、虾、鲍鱼、枪乌贼、海胆、鲑鱼、鲭鱼和鳕鱼等定会让热爱海鲜的你大快朵颐

北部沙滩 NORTH BEACH　　　　082

最美理由 /

　　北部沙滩是一个让所有人流连的地方，这里以意大利风情著称，街道上飘浮着卡布奇诺咖啡的芳香，罗马式建筑随处可见，充满了地中海情趣。这里有数不清的餐厅、酒吧、点心店，你可以一边享受美食一边感受"垮掉的一代"遗留下来的知识分子气息。"城市之光"书店的黑白明信片可以瞬间将你带到浪漫颓废的思潮中，梦露拍摄过婚纱照的圣彼得和圣保罗大教堂安静典雅，被当地居民视为精神支柱。如消防水管喷嘴的科伊特塔（电报山）是这里的一个观景点，可以俯瞰旧金山市区的美丽风景！

最美季节 / 7 ~ 10 月

最美看点 / 圣彼得和圣保罗大教堂、科伊特塔、"城市之光"书店、文人酒吧

最美搜索 / 加利福尼亚州

《勇闯夺命岛》的原型"恶魔岛"就位于城市附近，美丽的海岛让人很难将其和凶险的囚犯和残酷的阴谋联想到一起

　　北部沙滩位于旧金山市中心的北边，靠近美丽的圣弗朗西斯科湾，大量餐馆酒吧和名胜古迹使这里成为游客们最喜欢的地方之一。没有海滩的北部沙滩，拥有的是比萨饼与卡布奇诺咖啡的浓香，让人觉得旧金山似乎离罗马并不远。北部沙滩是 20 世纪 50 年代"垮掉的一代"运动的诞生地，并且一直是诗歌和政治中心。如今在北部沙滩依然能感觉到这些苦闷文人的气息，特别是在每年 6 月的北部沙滩节庆上，在华盛顿广场举行的露天音乐会，只见众人躺在绿油油的草地上，欣赏台上演奏的自由爵士乐，从乐曲中流露的那股狂野、奔放气息，正代表着他们及时行乐的心态。

　　北部沙滩的标志性建筑是电报山，山上

不怕人的白海鸥总是向游客寻求零食来解馋。北部沙滩有两个非常著名的瞭望点，一是圣彼得和圣保罗大教堂的白色尖塔，从这里可以俯瞰华盛顿广场。华盛顿广场聚集了许多咖啡馆、餐厅、商店，平时是旧金山人散步休憩的去处。另一个瞭望点是科伊特塔，它不仅是旧金山著名的标志之一，也是欣赏旧金山市区景观的观景点。

圣彼得和圣保罗大教堂

位于华盛顿广场上，花费了 12 年的时间才竣工。教堂设计以意大利的罗马风情建筑为主，内部宽敞壮美，白色大尖顶可以俯瞰整个旧金山市的风景。圣彼得和圣保罗大教堂是当地意大利人的精神支柱，玛丽莲·梦露当年曾在这里拍摄婚纱照。这里还是经典电影《十诫》的取景地。

科伊特塔

建成于 1933 年，是尼克博克第五消防公司的著名女消防队员科伊特出资建造的。塔高64 米，形状极像消防水管的喷嘴。游客可以乘电梯到塔顶欣赏美景，塔内壁画也同样引人注目。这座公共的艺术工程以细致的笔墨刻画了加利福尼亚生活的方方面面，留下了丰富的历史资料。

恶魔岛

恶魔岛是美国加利福尼亚州的旧金山湾中的一座小岛，面积 0.0763 平方千米，四面峭壁深水，交通不便，被美国政府选中，1861年开始作为军事监狱，后于 1934 年成为联邦政府监狱，是迄今为止世界上最难越狱的监狱之一。1963 年，恶魔岛结束了作为监狱的使命，

北部沙滩洁白而沉默的老房子，如同一位老妇，娓娓动听地述说着曾经的历史

摇身一变，已与金门大桥同为旧金山湾的著名观光景点。后来，又因电影《勇闯夺命岛》的热播而更加名声远扬。

文人酒吧

酒吧内装潢仍保留着昔日的波希米亚浪荡风情，昏黄的灯光映照在墙上的一帧帧已发黄的照片及剪报上，正好让你追溯当年的一段段回忆。

太平洋高地 PACIFIC HEIGHTS   **083**

最美理由 /
　　如果想在美国看一下美丽绝伦的维多利亚式建筑，那一定要花一天的时间走访一下旧金山的太平洋高地。上万座的优美建筑集中于此，太平洋高地使旧金山成为保存维多利亚式房屋最多的城市。这里是出名的高档住宅区，名声在外的六姊妹楼便立于风景如画的阿拉莫公园旁。在太平洋高地可以看到迷人的金门大桥及海景，如画的美景使人流连忘返。每年7月份，太平洋高地都会在美国西海岸举办一个大型的爵士嘉年华——莫尔街爵士嘉年华，精彩万分。

最美季节 / 7 月初 ~ 10 月
最美看点 / 六姊妹楼、哈斯·丽莲梭之屋、阿拉莫公园广场
最美搜索 / 加利福尼亚州

太平洋高地是旧金山房价最高的街区之一，其精美绝伦的维多利亚式建筑，也成为旧金山最令人瞩目的风景

　　太平洋高地拥有观赏旧金山金门大桥与海景的最佳位置。这里孕育了旧金山的第一代家庭，优美的环境培养了大批的杰出艺术家与商人。如今太平洋高地已经是旧金山最昂贵的居民区之一，这里有华裔和日裔精英以及很多成功的犹太人，在这种环境里成长的人士被美国大众认为拥有最正面的气质。1906 年的旧金山大地震几乎毁坏了旧金山的所有建筑，唯独太平洋高地的维多利亚式建筑幸免于难，于是这一建筑形式也成为富人钟爱的设计之一。

阿拉莫公园

　　阿拉莫公园广场坐落于太平洋高地，由

此可以俯视市政府和市区内的高楼大厦。广场东边林立着维多利亚式建筑。著名的六姊妹楼一个挨一个从上到下排在广场旁，具有鲜明的维多利亚时代建筑特色。太平洋高地的费尔摩街也是旧金山顶尖的购物胜地，特别是在杰弗逊街与沙特街的五个街廊内，琳琅满目的奢华商品让人惊叹，一家家精品店，流行服饰、手工艺品让人爱不释手，气氛典雅的餐厅又是品尝美食的好去处。

六姊妹楼

旧金山名气最大的就是六姊妹楼。它位于阿拉莫公园旁边。是旧金山仅存的 6 幢相连的维多利亚式建筑，它们经常在风景画册上出现，现已成为旧金山市的遗产，是观光客必游的景点。6 幢粉蓝粉黄的建筑相邻而建，仿佛童话中 6 个公主的闺房，有着数不清的故事。六姊妹楼是旧金山最常见的维多利亚建筑风格，这种建筑风格流行于 1860-1890 年，其建筑着重在华丽的木头装饰，用于正门、窗框、楼梯栏杆、外墙、凸窗等，重重叠叠，花巧又复杂，不过最重要的则是那装饰式山墙，整个建筑犹如童话故事一般精致可爱。

哈斯·丽莲梭之屋

建于 1886 年，是目前旧金山最具代表性的安女王式建筑。目前已改为博物馆。其房屋的建筑特色为圆塔尖顶，而正面屋顶则三角形居多，此外结合多种雕工、拱门及艺术窗玻璃

TIPS

◎ **地址** 位于旧金山市凡内斯大街东面，与诺布山相对。

◎ **贴士** 1. 哈斯·丽莲梭之屋开放时间：周三～周六中午 12:00～15:00。
2. 票价：成人 8 美元，老人和 12 岁及以下儿童 5 美元。

汉堡包

在美国，汉堡包不是一道缺乏深度、只是用来迅速填饱肚子的快餐。无论哪一种食材，哪一种菜系都可以游刃有余地应用其中。法国的鹅肝和黑松露，意大利的马苏里拉奶酪和番茄，日本的烤鳗鱼和山葵……即使最平常的碎牛肉汉堡，每家店亦有世代相传的秘方，有的会在肉里掺洋葱碎，有的会增加面包屑和鸡蛋，有的则只选择冰鲜牛肉，有的甚至连牛肉产地都精益求精，还有肉馅搅拌方法，配菜的选择、沙拉的调配、薯条的炸制等。

等复杂且典雅的装饰。

阿拉莫公园广场

其名取自西班牙文"白杨树"之意。这是一座绿草如茵的公园，建于 1856 年。1906 年旧金山大地震，这里是上千名无家可归的灾民的避难所。广场周围林立着一排排维多利亚式建筑，充满了古典主义情趣，远处的海湾与广场遥相呼应，美不胜收。

奥克兰 OAKLAND　　　　　　084

最美理由 /

　　与旧金山市隔海相望的奥克兰是全美第六大都市区"旧金山—奥克兰"地区的心脏。雄伟壮观的跨湾大桥将奥克兰与旧金山连接起来。奥克兰依山傍海，景色宜人，水清沙白，吸引了全世界各国的旅游观光客。这里不仅有美国城市中唯一有潮汐的咸水湖——梅里特湖，还有以美国著名小说家杰克·伦敦名字命名的广场，记载着奥克兰市发展历史的奥克兰博物馆。另外，深得孩子们喜爱的奥克兰动物园、佩拉尔塔游乐场等旅游场所也值得一去。

最美季节 / 6 月中旬 ~ 11 月

最美看点 / 杰克·伦敦广场、奥克兰博物馆、奥克兰动物园

最美搜索 / 加利福尼亚州

奥克兰地处旧金山海湾地区中心，与旧金山市隔海相望，"旧金山—奥克兰海湾大桥"（亦称跨湾大桥）将两座城市紧密地连成一体

　　奥克兰市位于美国西海岸的加利福尼亚州，是该州的第八大城市。"奥克兰"一词是英文"橡树之地"的音译。这里原是圣弗朗西斯科湾东部沿岸的一片美丽的橡树林，城市由此而得名，连市徽都是一棵橡树。1854 年，奥克兰设为市，被视作旧金山的姊妹城，同时也是竞争对手。

　　奥克兰的开创者最初只设想将这里作为圣安东尼奥河的内港与圣弗朗西斯湾的入口的港口，但随着港口贸易的发展，带动了这里的工商业，"二战"期间，造船业迅猛发展，奥克兰抓住了这个有利时机，一跃而起成为美

奥克兰景点不多，但却因此更加闲适，散散步品品酒看看建筑，就能度过一个最悠闲从容的加州下午

其中以"历史"最为出众，这里存放了印第安人、淘金热以及电影、航空和微电子代表的现代人文明，与整个加利福尼亚州的人文有着密切相关的展示都浓缩于此。

奥克兰动物园

饲养着 200 多种鸟类、爬行动物和哺乳动物。为创造一种自然环境，动物园以野生放养为主，供游人自由观赏亲近。在人造"非洲草原"上，生活着种类繁多的鸟类与其他动物，坐在空中座椅式缆车上俯视，游人就可以享受返璞归真的天然情趣。

国西部交通运输的重要中心。这里有闻名遐迩的杰克·伦敦广场，记录了这位著名作家的生平资料。

杰克·伦敦广场

是为纪念美国著名作家杰克·伦敦而建。杰克·伦敦生于旧金山，一生共著有 19 部长篇和 150 多部短篇小说，深受读者喜爱。广场上竖立着杰克·伦敦的塑像，附近还建有他在阿拉斯加淘金时住的小木屋。广场上的博物馆收藏了大量作家的手稿，同时也出售其作品。其生前常去休息写作的酒吧也成为游客必去之所。

奥克兰博物馆

博物馆分三层，每层为一个部门。一层为"自然"、二层为"历史"、三层为"艺术"。

奥克兰与关丽珍

2011 年，第四代华裔移民关丽珍在奥克兰市福克斯剧院宣誓就任第 49 任市长，她是这座城市 158 年来第一位女性亚裔市长。关丽珍就职时选择步行方式出席就职典礼，将这段两个半小时的路程命名为"牢记并创造历史之路"：从关丽珍曾祖父最初落脚的中国城到其父亲上学的林肯小学；从记录她和丈夫褚德辉 20 世纪 60 年代发起学生民权运动的亚裔资源中心，再到重新装修、象征奥克兰活力和希望的福克斯剧院。两个半小时的路程，浓缩了关丽珍一家四代百年移民历史。

伯克利 BERKELEY 085

最美理由 /
　　伯克利是加利福尼亚州美丽如画的海湾地区的一座城市。它为纪念爱尔兰哲学家、美国教育的先驱伯克利而得名。同时这里也因拥有全美最多顶级专业的著名大学之——伯克利加州大学而闻名于世。伯克利大学的环境充分体现了古典与现代建筑的交融，这里的绿化带从伯克利城区一直延伸到林木覆盖的伯克利山麓。伯克利校园内绿草如茵，幽静安宁，鲜花满目，多座建筑物分布在校园内，彰显深厚的学术氛围，让人赏心悦目。

最美季节 / 7～10月
最美看点 / 钟楼、斯普劳尔广场、大学艺术博物馆
最美搜索 / 加利福尼亚州

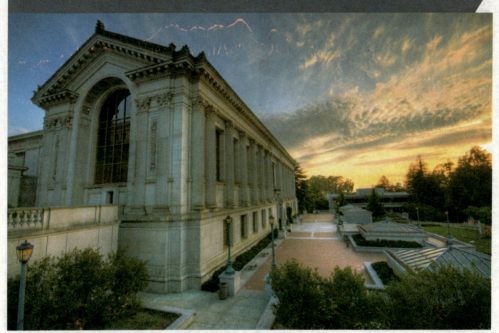

加州大学伯克利分校不仅仅是全球名校，也因景色迷人，成为诸多好莱坞电影的外景地，许多名片，如《绿巨人》《毕业生》《阿甘正传》等影片均曾在此取景

　　伯克利于1909年建市，是著名的文化城市。建于市内的伯克利大学是加州10所独立大学里历史最悠久、学术最繁荣、思想最自由的大学，可以说伯克利大学是这座城市的灵魂，同时也使这座城市成为世界上最著名的大学城之一。当人们谈及伯克利，即指伯克利加州大学。

　　伯克利大学在世界范围内拥有崇高的学术声誉，在拥有的100多个子学科里，有众多世界级的学术大师。超过50位诺贝尔奖得主更让这里吸引了学术界的眼球。我国的田长霖教授曾成为伯克利大学校长，是美国历史上第

一个，也是迄今唯一在美国主要研究型大学里担任过校长的华人。

伯克利大学占地近 5 平方公里，绿化面积极好，与古老的高大建筑相映成趣，更显得清幽典雅。整个校园建筑物体现了欧洲古典思想的优美、典雅和尊严，而其浓郁的人文色彩，与周围其他建筑风格较为现代化的大楼，形成了强烈的对比。最具代表性的钟楼、大学图书馆、希腊剧场都体现了设计师"学识城市"的理想风格，展现了古典与现代风格的交融。

钟楼

又称萨瑟塔，高 94 米，是依照威尼斯圣马可广场的钟楼建造的。塔楼上的 48 个钟铃每天敲响 3 次，悠扬的钟声在整个校区久久回荡，气氛宁静雅致。登上钟楼，还可以俯瞰整个校园，远处的海湾与金门大桥也尽收眼底，令人心旷神怡。

斯普劳尔广场

这里是伯克利大学的通衢，每天老师与学生由此匆匆来去，朝晖与夕阳中都映射出紧张的学习气氛。许多重大的政治和群众活动也在此举行。这里的言论甚至在全美国都很有影响。

大学艺术博物馆

这是一座呈扇形的建筑物，其本身就是一件精美绝伦的艺术品。博物馆内陈列着琳琅满目的艺术珍品。其中包括毕加索、塞尚、雷诺阿等艺术家的作品及中国山水画等诸多真迹。这里还定时举办展览，丰富了学生们的课余生活。

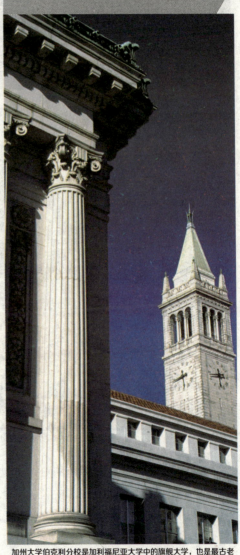

TIPS

📍 **地址** 位于加利福尼亚州西部东湾，距旧金山 20 公里。

📍 **贴士**
1. 游客服务中心在牛津街和大学路拐角处，可购买学校地图。
2. 游客中心提供导游服务和自助旅游服务。

加州大学伯克利分校是加利福尼亚大学中的旗舰大学，也是最古老的一所，至今仍然保留着很多历史悠久的老建筑

波士顿公园及大众花园 THE BOSTON COMMON & PUBLIC GARDEN **086**

最美理由 /
　　自由之路的起点——波士顿公园是美国最古老的公园，它坐落于波士顿的中心部位，与它紧邻的大众花园是游客的必到之处。公园内景色宜人，四季常绿。在公园中散步、读书，都是一种安逸的享受。著名的帕克曼露天演奏台、布诺维喷泉、表彰国内战争军人与海员的纪念碑都集中在公园之中。另外，造型高贵典雅的天鹅游船与鸭妈妈雕像都会给游人留下深刻印象。

最美季节 / 3～6月

最美看点 / 青蛙池塘、天鹅湖、天鹅船、鸭妈妈和小鸭子铜像

最美搜索 / 马萨诸塞州

波士顿公园是美国最古老的城市公园之一，曾经做过军事训练场，现在仍有很多美国内战时期的历史遗迹

　　波士顿公园位于波士顿市中心，面积2400平方米。最初这里用于放牧，是美国最古老的公园。现已成为波士顿人休闲的理想场所。大片的草地可供人们坐卧，公园内还栽有树龄逾两个半世纪的古榆，见证了城市的新旧交叠。被大片绿色草坪包围的波士顿公园，鲜花遍布，美国的雏菊、玫瑰花以及荷兰的郁金香在这里争奇斗艳，美丽异常。在这里，无论是安逸悠闲地散步，还是仅仅只是随地而坐享受微风的吹拂，都是一种幸福。

　　与波士顿公园仅一街之隔的大众花园风景优美，湖面上行驶着优雅的天鹅造型的船只

随波荡漾，将这里的悠闲气息暴露无遗。大众公园里还有一个不得不看的景点，就是描述鸭妈妈带着小鸭们惊险过马路的"鸭妈妈过马路"童话故事的塑像，对于许多小朋友来说，这里简直是一处朝圣地！

青蛙池塘

这里是波士顿公园中大人孩子都喜爱的地方。一进到公园内，一定会看到无论大人孩子都会聚在这里玩耍。"青蛙池塘"被称作最受欢迎的亲子游戏处，冬天又摇身一变，成为浪漫的滑冰湖，可谓波士顿公园之宝。

天鹅湖

天鹅湖坐落在大众花园内，面积有 16000 平方米，湖中有一对知名的天鹅情侣被命名为罗密欧与朱丽叶，以纪念莎士比亚的知名著作。湖边有各式不同的植物将这里点缀得如梦似幻，是波士顿著名的情侣约会胜地之一。

天鹅船

1877 年由罗伯特发明，其造型仿造了真正的天鹅造型，船身漆成白色，游客可在天鹅船的背部，利用脚踏车驾驶船只行驶。天鹅船以其优美、高贵、典雅的特殊造型赢得了众多游人的喜爱，也成为大众花园的标志之一。假日里，天鹅船与真正的天鹅一起在水中漫步，为幽静的天鹅湖增添了无限的浪漫情愫。

鸭妈妈和小鸭子铜像

这是一排青铜色的鸭子塑像，为了纪念当代绘本大师罗伯特·麦克洛茨基的畅销儿童绘本《让路给小鸭子》而建造，提倡在公园里人们与自然及野生动物的和谐共处。书中写

TIPS

📍 **地址** 波士顿公园位于波士顿威尔士大道东面，大众花园在西面，可乘地铁公园街站或博伊尔斯顿站下车。

🔖 **贴士** 1. 波士顿公园与大众花园免费进入，晚间不太安全。
2. 公园位于市中心，停车不太方便。

秋日的公园层次分明，色彩丰富，如同璀璨而绚烂的真实画卷

道："鸭妈妈领着小鸭子穿过十字路口，在警察指挥下，来自各个方向的车辆全部停下，行人止步，一直等到鸭子们安全通过马路才继续前进。"这里尤其受孩子们喜爱，很多小宝贝拿着巧克力喂给铜质的小鸭子，为这里增添了乐趣。

自由之路 THE FREEDOM TRAIL　087

最美理由 /
　　自由之路可谓是展现波士顿历史的一面橱窗。全长4公里的自由之路由红色标志引导，穿过市中心，沿途共有16处重要历史建筑与独立战争遗址。这条路起点为全美最古老的波士顿公园，终点为邦克山纪念碑。其中经过了保罗·里维尔厅、法尼尔厅、老州议会厅、老南会议厅、金所教堂、克里斯特教堂等，这些历史遗迹是波士顿历史发展的重要之路，也是波士顿政府极力推广的旅游景点。
最美季节 / 9 ~ 11 月
最美看点 / 法尼尔厅、老南会议厅、老州议会厅、美国宪章号
最美搜索 / 马萨诸塞州

在美国独立史中，波士顿占据着不可或缺的重要位置，著名的波士顿惨案、倾茶事件、《独立宣言》的公布等等发生于此，"自由之路"让世界各地的游客得以重温历史的脚步

　　波士顿是美国最古老、最有文化价值的城市之一，整个美国的历史发展都与波士顿有关。要想在短时间内轻松了解这个城市，一定要踏上"自由之路"。"自由之路"是波士顿市政当局为游人设计的观光线路，在地面上用红砖和红色油漆标出，全长4千米，串联了16个反映殖民地时代及独立战争时期波士顿历史的重要景点。起点为波士顿公园，终点为邦克山纪念碑。

　　首先前往位于"自由之路"起点的波士顿公园游览，与公园隔街相望的是马萨诸塞州的州政府大厦，红墙白窗上是镀金的圆顶。在公园街教堂的旁边，是埋葬着三位《独立宣言》签署人的葛兰奈莱墓地，继续前行是建于

1713 年的老州议会厅,《独立宣言》就是在此向马萨诸塞的民众首次宣读。自由之路的下一站是有"自由摇篮"之称的法尼尔厅,其不远处,是新英格兰大屠杀纪念碑与旧北教堂,这也是波士顿最古老的教堂。线路最后一站是纪念独立战争中英美双方第一场大规模战斗的邦克山纪念碑,在前进的一个个的遗迹中,让人仿佛亲眼见证美国迈向自由时曾有的艰辛与血汗。

法尼尔厅

此建筑物原由彼得·法尼尔兴建,作为市场之用,在独立战争爆发前,波士顿市民利用这一建筑物举行集会,讨论独立与自由等重大问题。因而获得"自由的摇篮"的别称。现在,市民们仍习惯性地利用二层大厅举行各类集会。一层为市场,三层则是波士顿炮兵团本部所属的博物馆。

老南会议厅

建于 1729 年,独立战争时期所发生的"波士顿倾茶事件",就是由塞缪·亚当斯在此地发起的。

老州议会厅

现为波士顿历史博物馆的老州议会厅,是首次宣读《独立宣言》的地点,现今每年美国独立纪念日当天,都会在老州议会厅的阳台举行宣读《独立宣言》的活动。附近以镶嵌在地面上的石头为标志的"波士顿惨案遗址",是为了纪念 1770 年 3 月 5 日与英国军队冲突时遇害的 5 位爱国者,其中包括在独立战争中牺牲的第一位黑人阿塔克斯。

美国宪章号

这是一座已有 200 年历史的英雄战舰。它

散步在"自由之路"上的很多人物雕塑,都能在波澜壮阔的美国独立史中找到出处

自 1797 年下水服役,至 1812 年与英国战舰交锋 44 次,从未被击垮过,美国人送给他"老铁甲号"的美称。在其旁边的博物馆,陈列了宪章号建造与维修的资料。宪章号是美国人的骄傲,常有家长带着孩子来此参观,了解美国历史。

滨水地区 WATER FRONT   **088**

最美理由 /
　　波士顿有绵长的海岸线与众多的港口设施，是一个典型的滨水城市。而滨水地区也是这座城市中最有魅力的地标区域。罗尔码头和建于 19 世纪的毛料仓库记录了这里作为美国主要贸易港的辉煌历史。长长的特色拱道将城市与码头相连，新英格兰水族馆内将全世界的海洋珍稀生物浓缩于此，奶瓶造型的儿童博物

馆充满了童趣。而波士顿茶叶纪念船又时刻提醒着波士顿人追求自由与平等的美国精神。
最美季节 / 7 ～ 10 月
最美看点 / 儿童博物馆、波士顿茶叶纪念船、新英格兰水族馆、罗尔码头
最美搜索 / 马萨诸塞州

波士顿滨水地区现仍在不断开发建设中，华丽转身后，这里将成为美国最繁华最高端的商业区之一

　　波士顿的滨水地区是一个以码头和仓库为特色的地区。这里有著名的新英格兰水族馆、儿童博物馆以及"倾茶事件"纪念船。最大的长码头建于 1970 年，向海面延伸 610 米，码头两旁是商店和各类仓库。长码头为当时的大

型船只提供安全的停泊处。海港步行道将长码头与其他码头串联了起来，如今其中绝大部分已经在政府规划中变为了海港公寓。其中最著名的是罗尔码头，其发展成为集时尚于一身的红砖式码头。

　　20 世纪 50 年代末期，波士顿的滨水地区像美国许多大城市一样，呈现出一幅典型的城市萧条图画——人口不断外迁，形成破败的贫民窟。1959 年波士顿市市长约翰·克林斯宣布滨水地区的重建计划。1969 年，在波士顿的内港区，投资 500 万美元，由剑桥七人事务所设计的新英格兰水族馆建成使用，成为波士顿滨水地区的第一批新建筑。罗尔码头改建项目的巨型拱门每天吸引了无数游客前来参观，其充满古典建筑的步行街也成为一个建筑符号。

儿童博物馆

　　儿童博物馆的标志是一只巨大的高 40 米的奶瓶，实际是贩卖零食的摊点。找到它，就可以发现这个国家最大的儿童博物馆之一。博物馆共四个楼层，其内展品可满足各个年龄段儿童的需要。大多数展品是可触摸的，所有展

览都提供一次学习欣赏的经历。博物馆有一幢日本丝绸商人的房子，展出从日本京都搬来的真品；馆中有一名为"祖母阁楼"的展室，孩子们在里面可以试穿各种精品服装；另外还有许多特别的展览、事物和演出，可以让孩子们开动脑筋，寓教于乐。

波士顿茶叶纪念船

波士顿茶叶纪念船为"倾茶事件"而造，来到这里即将游客从波士顿的摩登印象带回至200多年前美国的建国革命时期。这里停泊着当时正式引发英美冲突的复制茶叶船，一批穿着当时服装的工作人员则以生动的表演方式向游客们解说当时倾倒茶叶的动机与历史，再次上演当年愤怒的群众抗税的景象，游客们可以自告奋勇地拿起一袋袋的茶叶，用力地将茶叶丢入海中，体验一下当时人们愤怒的反英情绪。

新英格兰水族馆

是滨水地区的主要旅游景点，馆内设计有一个四层楼高的海洋水库，其中有珍贵的加勒比海大珊瑚礁。各类海洋生物穿梭其中，鲨鱼、大海鳗以及各色的海洋热带鱼在水库中翩翩起舞，色彩斑斓，令人神往。水族馆内还有一个极大的立体巨幕电影院，在这里观赏美国动画大片《海底总动员》绝对是顶级的享受！

罗尔码头

罗尔码头最突出的就是巨型拱门。拱门建筑采用手工精制的砖砌墙身，建筑外形非常古典，恰如其分地融入整个城市的和谐氛围之内。这个拱门将波士顿市中心与滨水地区有机地联系起来。从水面向波士顿市区方向望去，这道拱门成为城市欢迎来访者的标志。

TIPS

📍 **地址** 位于波士顿亚特兰大大道东侧。

ℹ️ **贴士** 1. 儿童博物馆开放时间：每天 10:00 ～ 17:00，周五延长到 21:00。
2. 新英格兰水族馆开放时间：9:00 ～ 17:00。

波士顿龙虾

有美食家说过，"最好吃的东西，就是用简单的烹调法，将食物的原味发挥得淋漓尽致。"龙虾的魅力，正在于此。爱吃海鲜的人们都知道，世界上有两大著名龙虾品种，分别是波士顿龙虾和澳洲龙虾。波士顿龙虾因生活于寒冷海域，生长特别缓慢，与澳洲龙虾相比，波士顿龙虾虾身肉质较为嫩滑细致，味道鲜美，而且它有一个显著的特点——一对大龙虾钳，虾钳则因为活动较多而肉质较粗，口感更加肥厚丰腴。由于波士顿龙虾肉质的鲜美，因此不少大厨都喜欢用白灼还有芝士焗的方式烹调，凸显龙虾的鲜味。由于龙虾食用复杂，经典的西餐店，会向你提供围裙、小长叉子、海鲜剥壳钳子和洗手碗等一系列工具，并得到可以用手的承诺。

纽堡大街 NEWBURY STREET　089

最美理由 /
　　纽堡大街是波士顿时尚的代名词，从顶尖的名牌到平价商品应有尽有。被誉为"波士顿的罗德欧大道"。街道两边的商店都是 19 世纪最流行的红砖屋建筑，非常雅致，半层地下室的小店极具特色，许多餐厅也会在人行道上摆起露天座位，俨然一派欧洲风情。逛纽堡街时要注意，商店的等级从东边的"贵族化"一直向西趋于"平民化"。大街上最著名的是圣约教堂，以及与达特茅斯大街角落里的纽堡街壁画。

最美季节 / 全年皆宜
最美看点 / 圣约教堂、纽堡街壁画、淘尔音乐城
最美搜索 / 马萨诸塞州

老宅，煤气灯，教堂……走进纽堡大街，你会仿佛走进新英格兰的昨天

　　纽堡大街是整个新英格兰地区集时尚、奢华于一身的商业街。原先的纽堡大街是巴克湾地区的一个高级居住区，现在那些豪华的住宅变成了商店的所在地，如专售男士时髦用品的路易斯店、布鲁克斯兄弟店、卡地亚店等。街道的尽头是名声在外的淘尔音像店，在这里，即使是最挑剔的音乐爱好者也会满意而归。

　　单向的纽堡大街，道路笔直而整洁；路边的煤气灯与小树，使环境更显幽雅。房屋一层全是营业的店面，居民都在二楼以上。它是十足的购物街，其中的服装店、餐馆、画廊占了大半，既有相当昂贵的珠宝店，也有一般廉价的服饰店。不少年轻人喜欢的餐馆都集中在这一地区，店家内多半非常幽暗，夏天时店家则把座位移到走道边，烛光晚餐也相当罗曼蒂克。无论白天与夜晚，纽堡大街总是人潮不断，尤其是外来客似乎总要在这里买点纪念品、吃顿饭，才算到过波士顿。

圣约教堂

圣约教堂在建筑艺术上具有里程碑意义。哥特式建筑风格使教堂宏伟壮观，73 米高的优美塔尖给这里赋予了神圣、庄严的气氛。教堂还保存着世界上最多路易斯·康福特·蒂法妮彩绘玻璃窗和大型玻璃天窗。当阳光射入教堂的彩绘玻璃天窗时，整个教堂犹如在仙境一般。教堂内的壁画笔法细腻，生动逼真，极具观赏价值。

纽堡街壁画

这组特别的壁画位于纽堡大街和达特茅斯大街的角落。很多游客都是闲逛至此，才有这一惊人的发现。壁画上描绘了 72 个杰出的波士顿市民，艺术手法写实生动，令人惊叹。

TIPS

📍 **地址** 位于波士顿西面，巴克湾地区。

🎫 **贴士** 1. 圣约教堂的弥撒时间为每周日 10:00
2. 在纽堡大街买二手货需看仔细，很多商家售出后不允许调换。

淘尔音乐城

纽堡大街最具特色的商店之一，音乐城内集合了几乎全世界所有的唱片，"只有想不到，没有找不到"是走进音乐城淘 CD 唱片人的共识。店内不仅经营流行唱片，同时还售卖老唱片，以及二手音乐物品。淘尔音乐城是美国流行音乐的标志。

纽堡大街虽然商店众多，景色依然清丽而宁静，一间间商店里地逛过去，定会让你拥有想象不到的收获

哈佛大学 HARVARD UNIVERSITY 090

最美理由 /
　　哈佛大学是美国最早的私立大学之一。美国独立战争以来几乎所有的思想先驱都出自它的门下。它被誉为美国政府的思想库。先后诞生了8位美国总统，40位诺贝尔奖得主和30位普利策奖得主。它的一举一动决定着美国的社会发展和经济的走向，可以说是美国文化的一个标志。浓厚的学院气氛使每一位到访者都会对这里产生眷恋。古朴的建筑风格与大片嫩绿的草地，花园中盛开的玻璃花，设备齐全的现代化图书馆，使这里成为每位学子向往的圣地。

最美季节 / 9 ~ 12 月
最美看点 / 哈佛广场、哈佛雕像、哈佛大学图书馆
最美搜索 / 马萨诸塞州

哈佛大学是全球最负盛名的高等学府之一，无数莘莘学子从这里走出，成为全美国的中坚力量，继而，走向整个世界

　　哈佛大学是培养研究生和从事科学研究为主的综合性大学，总部位于波士顿的剑桥城，哈佛大学前身为剑桥学院。1636 年 10 月 28 日，马萨诸塞海湾殖民地议会通过决议，决定筹建一所类似英国剑桥大学的高等学府，拨款 400 万英镑。由于创始人中不少人出身于英国剑桥大学，他们就把哈佛大学所在的新镇命名为剑桥。1639 年 3 月 13 日以学校主要捐助者约翰·哈佛牧师的名字改名为哈佛学院。

　　由哈佛学院时代沿用至今的哈佛大学校徽上面，用拉丁文写着 "VERITAS" 字样，意为 "真理"。哈佛大学校训的原文，也是用拉丁文写的，意为 "以柏拉图为友，以亚里士多德为友，更要以真理为友"。校徽和校训的文字，都昭示着哈佛大学立校兴学的宗旨：求是崇真。古老的铁门、厚重的砖墙和那些缠绕在建筑物围墙、花架上的常春藤，无时无刻不在提醒你：这就是哈佛，这就是常春藤名校。

中国近代人文和自然学科的奠基人林语堂、竺可桢、梁实秋、梁思成，一个个响亮的名字，也都出自哈佛大学。

哈佛广场

位于马萨诸塞州剑桥镇哈佛大学附近的那几条小街和几个交叉路口。方圆不到 1 公里的地方，是剑桥最繁荣的所在，是典型的大学城。广场上开设多家书店，各有特色，学术书籍非常齐备，文化气息厚重，为哈佛大学塑造了一种特有的文化氛围。盛夏时节广场聚集了各类街头表演，来自各国的街头艺术家常在这里献艺，学子与游客都在这里观赏表演，十分热闹。

哈佛雕像

进入哈佛校园，就能看到一座用灰色花岗岩建成的名叫"大学楼"的建筑，著名的哈佛雕像就摆放在这座楼前。哈佛雕像目光炯炯，棱角分明，一副古代学者模样。他右手按着一本打开的《圣经》，双腿前伸，而左脚略伸出底座一截。所有仰慕者无一例外地都要摸一摸哈佛的左脚尖，据说摸过此脚的人可以金榜题名。哈佛像并不是已故的哈佛校长本人，因建雕像时哈佛已经去世，且未留有照片，校董会便从学校里挑了一名英俊的模特代替。也就是说，雕像只是哈佛的一个替身。美国人也叫哈佛雕像为"谎言雕像"。

哈佛大学图书馆

是美国最古老的图书馆，也是世界上藏书最多、规模最大的大学图书馆。有 5 位美国总统、30 多位诺贝尔奖金获得者曾在这里学习过。图书馆共有藏书 1500 万卷，硬件设施一流，为莘莘学子提供了丰富的学习读物与优良的学习环境。图书馆外有一背着石碑的赑屃雕像，采用中国传统石刻技艺，是在哈佛大学 300 周年校庆时，由胡适先生等人特意从中国运来献给母校的。

TIPS

📍 **地址**　位于马萨诸塞州查尔斯河西岸的剑桥镇，与波士顿城隔河相望。

📍 **贴士**　1. 哈佛大学草坪中都有小路可以走近道，严禁践踏草坪。
2. 哈佛广场中的书店学术图书齐全，如一本价格太高，可提供单页复印服务。

哈佛雕像是哈佛大学的标志，他的左脚脚尖，早已被慕名而来的崇拜者摸得发亮

关岛 GUAM　　　　　　　　　　091

最美理由 /
　　关岛，不但是美国"一天开始的地方"，也是美国领土离亚洲最近的地方，是美军在西太平洋上的重要军事基地，当然，这里还有全世界最蔚蓝的沙滩、最灿烂的阳光；还有着闻名于世的"蜜月之都"，有着最

缤纷神秘的水上世界……
最美季节 / 全年适宜
最美看点 / 杜梦湾、情人崖、天使小教堂、查莫洛歌舞
最美搜索 / 关岛

关岛，"美国一天开始的地方"，是美国著名的军事基地，也是最浪漫的蜜月岛屿，这里拥有许多爱情见证地，很多情侣远道而来，就为了在水晶教堂里，动情地说一声"我爱你"

　　关岛是作为密克罗尼西亚群岛中最大的岛屿，岛上风光绮丽，整年阳光充沛，气候温暖，风景优美迷人。关岛的历史并非一帆风顺。它最早由查莫洛人居住，麦哲伦航海后，西班牙人便开始了连续数百年的殖民统治，继而1898年美西战争，西班牙战败，又将关岛割让给美国，二次世界大战中的珍珠港事件后，日本占领关岛，直至1944年，关岛才再度成为美国管辖地。此后，作为美国最接近亚洲的岛屿，关岛被称为"美国一天开始的地方"，是美国最重要的军事基地之一，有着大批美军驻守。

杜梦湾

　　杜梦湾 Tumon Bay，位于关岛西北部，北起 Cognga Cove，南至 Ypao Point，是关岛最具代表性最迷人的海湾，由一个或数个迷人沙滩所组成。世界顶级的国际饭店大都集中于其沿海地带。来杜梦湾的人们，最基本的活动就是两个字：看海。这里的海水

也从来没有辜负过游客们的期待，总是蓝得很艳，很饱和。在这里，你白天可参加各种水上活动，光临免税店、购物中心，晚上可到赛狗场、沙堡娱乐中心度过热闹欢腾的夜生活。杜梦湾附近还有商品琳琅满目的购物区（包括 DFS 免税店及杜梦湾高级名店购物），射击场，和耗资 5000 万美元的 Pleasure Island 等超现代化休闲娱乐设施。

太平洋战争纪念公园

若你是并不独钟于海水，在关岛也总是会有许多好去处：喜爱考古寻秘的，可以到查莫洛人遗址和西班牙战争遗迹去转转，而好莱坞大片迷，则少不了要涉足散布在岛上各处的太平洋战争纪念公园。或许你从未亲临过真正的战争，但《拯救大兵瑞恩》中的惨烈血腥、《风语者》中的生死与共、《珍珠港》的荡气回肠，就足可以想象出面前 1944 年美军抢滩的主战场——阿珊海滩的枪林弹雨。而南太平洋纪念公园则就建在日军关岛最后一个指挥部的原址上，为了纪念在长达 4 年的太平洋战争期间死亡的美、日及本地 50 多万军民，公园的中心专门兴建了一座高塔，祈求人类永久的和平。

情人崖和关岛教堂

海拔 123 米的情人崖是杜梦湾北端突出的海崖，堪称关岛地标的观光胜地。传说有一对年轻的查莫洛情侣，因女方家长打算将女儿嫁给西班牙船长，年轻的恋人不愿分开，最终结发由这里携手跳下。故事一世纪一世纪地传下来，浪漫到骨子里的情怀，再也没有从关岛的历史里离开，近年，为了纪念这

TIPS

📍 **地址**　马里亚纳群岛最南端

ℹ️ **贴士**　关岛是免税购物天堂，也是亚太区最大的免税购物中心，在杜梦湾中心地带有个大型购物总汇，而小商店则遍布整个圣维多利斯通。

查莫洛歌舞

椰子制作的胸衣、树叶打造的草裙、古老的乐器、灵动的舞姿，这一切构成了塞班岛的另一帧美丽景色——极具民族风情的查莫洛歌舞。美丽的草裙舞专属女性，又名"呼拉舞"，是一种注重手脚和腰部动作的舞蹈，而男演员最擅长火把舞，通过如火的舞步和舞台效果，展现查莫洛民族与大自然之间的互动之美，极富视觉冲击力。

名情人崖背后一对查莫洛恋人的悲壮传说，在情人崖附近修建了一座小教堂，名为天使小教堂（Chapel of Angel），这座教堂最多仅容纳 20 位来宾，但景色开阔，是你一览杜梦湾全貌的最佳地点之一，浪漫的爱情故事加上富异国情调的神秘气氛，令小教堂颇具吸引力。

塞班岛 SAIPAN　　　　　　　　　　　　　092

最美理由 /
　　塞班岛，是太平洋的美丽遗珠，是风情万种的绝代佳人，在这里，少的是商业都市的喧嚣，多的是遗世独立的宁静。蔚蓝的海水、雪白的沙滩、灿烂的阳光、缤纷美丽的珊瑚礁，还有热带雨林及各式珍奇动植物，到处散发着热带海岛的至极诱惑。

最美季节 / 全年适宜，7～8月是雨季，12月～次年2月是旱季
最美看点 / 军舰岛、卡梅尔山天主教堂、塞班植物园、麦克海滩、神秘蓝洞
最美搜索 / 塞班

塞班岛是美国屈指可数的中国公民免签地之一，被太平洋拥在怀抱中的塞班岛，似乎是上帝特意搭建给人类的爱巢，吸引无数陶醉在幸福之中的爱人们

　　塞班岛（Saipan Island）是北马里亚纳联邦（CNMI）的首府，包含15个岛屿，与位于其南部的关岛共称马里亚纳群岛。全岛长约19千米，宽约9千米。由于近邻赤道一年四季如夏，风景秀美，是世界著名的旅游休养胜地。身处塞班，背倚热带植被覆盖的山脉，透过道路两旁的郁郁葱葱的椰树展示在面前的是迷人的蓝绿色菲律宾海，故有"身在塞班、犹如置身天堂"之说。

塞班植物园和神秘蓝洞

　　塞班植物园位于塞班岛中部的半山坡上，占地3万多平方米，拥有约2000多种花草及

果树等丰富多样的热带植物，多次获到国际嘉奖。其中最具特色的是凤凰树，5~6 月期间凤凰树会把整个岛屿渲染上一片珊瑚的色彩。之外还有非洲郁金香、椰子、番木瓜、香蕉、杧果、雪茄等很多热带植物生长。在展望台上可以观望到与众不同的海上风光，还可以看到热带地区特有的蜥蜴类的鬣蜥。

神秘蓝洞

位于塞班岛的东北角，是与太平洋相连的天然洞穴，被著名杂志《潜水人》杂志评为世界第二的洞穴潜水点。蓝洞外观酷似张开嘴的海豚，内部是一个巨大的钟乳洞，是因为海水的侵蚀作用而形成的天然洞穴。在蓝洞潜水是塞班岛上不容错过的活动，当你穿过一个巨大的石灰石洞口进入水中，会发现自己置身于一个巨大的洞穴里，不但有墨蓝如猫眼般的海水，还有各式各样五颜六色的热带鱼、海龟、魔鬼鱼、海豚、水母、海胆……海底的世界比陆地还要精彩斑斓。

军舰岛

如果你没有去过军舰岛，就等于没有真正到过塞班岛。据说第二次世界大战，美军在空中轰炸时，将这座周长仅 1.5 千米的小岛误认为是一艘军舰，从此就命名为军舰岛。岛的面积很小，约步行 15 分钟便可环岛一周，四周是洁白的沙滩，中间满是浓绿的热带植物，如果哪一天你想和情人从人群中失踪，独享甜蜜的二人世界，军舰岛将是不错的私奔地——它也有"情人岛"之称。

潜水

塞班岛以富有变化的地形以及超高透明

TIPS

🔘 **地址** 西太平洋北马里亚纳群岛
🔘 **贴士** 在塞班，你可以享用到美式、法式、日式、韩式、意式等各国美食，这里的中国川菜也做得相当地道！

悬崖高尔夫

高尔夫是北马里亚纳群岛上除了潜水之外最受欢迎的体育项目，几乎每个月都会有一场高尔夫赛事活动在群岛上举行。这里由高尔夫传奇人物 Greg Norman 先生设计的劳劳贝高尔夫度假村 (LaoLao Bay Golf Resort)，被称为全球最美的悬崖高尔夫球场之一。西区球场建于陆地上，可以看到当地最美山峰的全景。东区球场则靠海，以绝佳的悬崖海岸线风景闻名，若当你打球时，竟然看见在海边游弋的大海龟，那该是怎样独特的感受！

度的海水令潜水族们一展身手，被誉为目前世界第一潜水胜地。在塞班潜水有两种，一种是浮潜，一种是真正的潜水。而真正的潜水又分几种，一种是体验潜水，只潜到 5 ~ 10 米左右，还有一种是专门的潜水课程，参加课程的人可以取得潜水证书，一般是 4 天左右。

项目策划：王颖
责任编辑：王欣艳
文字作者：《图行世界》编辑部 于丽娜 刘樱姝 梁媛
图片作者：全景图片 黄橙 CFP图片 阿文 刘樱姝 达雅 Lee 叶子
　　　　　达志影像 / shutterstock
装帧设计：何睦
内文设计：徐鹏
责任印制：闫立中

图书在版编目 (CIP) 数据

全球最美的地方特辑 . 美国 /《图行世界》编辑部
编著；于丽娜 , 刘樱姝文 . -- 2 版 . -- 北京：中国旅
游出版社 , 2015.1（2022.1 重印）
（图行世界）
ISBN 978-7-5032-5123-8

Ⅰ . ①全… Ⅱ . ①图… ②于… ③刘… Ⅲ . ①旅游指
南—美国 Ⅳ . ① K919

中国版本图书馆 CIP 数据核字 (2014) 第 281853 号

书　　名：全球最美的地方特辑 美国

作　　者：《图行世界》编辑部编著；于丽娜 , 刘樱姝文
出版发行：中国旅游出版社
　　　　　（北京静安东里 6 号 邮编：100028）
　　　　　http://www.cttp.net.cn E-mail:cttp@mct.gov.cn
　　　　　营销中心电话 010-57377108
经　　销：全国各地新华书店
排　　版：北京红方众文科技咨询有限公司
印　　刷：三河市同力彩印有限公司
版　　次：2015 年 1 月第 2 版 2022 年 1 月第 2 次印刷
开　　本：787 毫米 × 1092 毫米 1/16
印　　张：15
字　　数：250 千字
定　　价：59.00 元

ＩＳＢＮ：978-7-5032-5123-8